日本国際フォーラム叢書

日本の進路

混迷する地球新時代

The Future Course of Japan
A Bewildering New Era on Earth
Haruki Yoshida

吉田春樹

たちばな出版

日本の進路——目次

第2章――現代版帝国主義の中国、その限界　49

第5章——問われる日本の立ち位置 107

第二部　ポスト工業社会時代の日本経済
層の厚い中間層型社会を再現できるか

第7章——それでもモノづくり産業は捨てられない　145

第10章——政治は地域主権確立の時代へ　223

装丁　川上成夫

日本の進路

――混迷する地球新時代

プロローグ

激動する世界情勢や混迷する国内の政治、社会を背景に、沈滞の続く日本経済はこれからどうなるか。一国の経済はもはやその国内だけで単独に存在するものではない。しかも、日本はすでに人口減少の時代に入った。本書は、日本の政治や経済につき、現代を地球新時代という認識に立って、世界の潮流や国内諸問題などと立体的に考察、分析し、未来に向けて日本が進むべき方向を考えようとするものである。

世界が人類全体にとり地球大の存在に

本書では、地球新時代における日本の進路を考えたいと思う。

ここでいう地球新時代とは、一言でいえばポスト東西冷戦時代を指す。その特色は、後述するように世界のいわゆるグローバル化とＩＴ（情報技術）化にある。

東西冷戦が終結したのは一九八九年。二十有余年前のことだ。現在、世界も日本も、まだこのポスト冷戦時代という大きな歴史の流れのなかにあると考える。

では、なぜポスト冷戦時代が地球新時代なのか。

世界は、現代に入り三十余年にわたる二つの世界大戦とその戦間期、これに続く四十年余の冷戦時代を経て、世界的規模の戦争期を終結した。ちなみに、私は冷戦時代を第三次世界大戦と認識している。ここまでは大陸間を股にかけて行動したのは先進国、特に欧米の人びとであった。すなわち地球大の世界は先進国の人びとにとっての世界であったのだ。

しかし、東西冷戦が終結するころに、人びとは地球環境問題や南北問題（南半球と北半球の格差問題）などを広く人類全体の共通課題と意識するようになった。すなわち、世界とは人類全体にとり地球大の存在であることが明瞭になってきた。換言すれば、史上はじめて地球が全人類に共有される時代が訪れたのだ。現在、経済の面ではヒト、モノ、カネ、情報の交流を通じ、その統合と単一化が急速に進みつつある。

そこで、本書ではこの東西冷戦後の歴史時代を地球新時代と呼ぶ。

東西冷戦が終わったのは、前述のとおり八九年である。この年十一月九日（現地時間）にベルリンの壁が劇的に開放された。この夜、東西両ドイツ間にあった関所や鉄条網が突然だれでも通れるようになったのだ。西ベルリンの中心街クアフュルステンダムで大勢の若者たちが歓喜に沸くようすは、テレビを通じ全世界に放映された。

そして十二月二日、笹本駿二著『ベルリンの壁崩れる』（岩波新書、一九九〇年）によれば、地中海・マルタ島のヴァレッタ港波止場に横付けされたソヴィエトの豪華客船マキシム・ゴーリキ号で、米国のブッシュ大統領とソヴィエトのゴルバチョフ書記長による首脳会談が二日間にわたりもたれた。数日来の暴風で海上はひどく荒れていたが、会談はなごやかな雰囲気でおこなわれたという。

一般にこの時点をもって東西冷戦は終結したとされる。地球新時代はここから始まる。

今日までの二十有余年間に世界は大きく変化した。すなわち、まず旧西側世界が旧東側世界を包み込むかたちで世界秩序の再構築がおこなわれた。そうしたなかで、欧州ではユーロを共通通貨とするEU（欧州連合）が誕生した。また旧西側世界の盟主米国は、いっとき一極覇権時代を謳歌した。しかし、これは二〇〇一年九月十一日に同時多発テロの勃発によりごく短期間で終わった。

一方、先進国が主導してきたこの世界秩序は、近年、経済面で新興国が台頭するなど先進国に次ぐ国ぐにの伸長により転機を迎えつつある。例えば、伝統的に主要先進国が開催してきたいわゆるサミットに、課題により新興国や発展途上国も参加するようになった。

こうした過程において、ＧＤＰ（国内総生産）で日本を抜いて世界第二位になった旧東側中国が、軍事的、外交的にも突出して台頭してきたことは特筆しなければならない。日本の隣に存在するこの国は、いまや米国と並んでＧ２（グレート２）と呼ばれるまでになった。

それではこの二十有余年は日本にとりどういう時代であったのか。

ちなみに八九年は、その十二月に東京証券取引所で日経平均株価が三八、九一五円という史上最高値をつけた年であった。まさにあの資産価格のバブル現象が頂点に達した年であったのである。地点により時期に多少のずれはあるが、地価も株価に次いでピークに達した。

ここからいわゆる失われた十年が始まる。この表現が経済の沈滞を表すことはわかるが、その実態は不明なまま、それはさらに失われた二十年へと進んだ。確かにこの間デフレが続き、経済成長率が低迷したのは事実である。このことは、個人差はあるが、人びとから日常生活の活力を奪い、彼らの生きることへの充実感を減殺することになった。多くの人びとは、坂の上の雲を見失ったのだ。それは、間違いなく失われた歳月である。

グローバル化とＩＴ社会化が大きく進展

しかし、その間も、日本を含む世界全体は経済の面で質的に大きく変化していたのである。それは、グローバル化とＩＴ社会化の進展である。

この二つは両方とも人間活動の広い分野に関係しているが、なかでも際立っているのが経済のビジネス分野である。そして、このことは新興国も未開発国も含む全人類活動の地球大化そのものであるが、驚くべきことに、この現象、この歴史的流れのなかで日本が重要な働きをしているのだ。あの失われた二十年で活力を失っていたはずの日本が、である。

その理由は簡単だ。日本が世界有数の技術力を有するモノづくりの国だからである。

そこで、改めてグローバル化とは何か、ＩＴ社会化とは何かが問われる。実はこの二つは非常に密接な関係にあるが、ここではひとまず分けて述べよう。

まずグローバル化である。この現象は、東西冷戦の終結を契機として始まった。『現代用語の基礎知識（二〇〇〇年版）』（自由国民社）によれば、その原語グローバリゼーションについて、「冷戦終結後、市場経済が世界的に拡大し、生産の国際化が進み、資金やヒトや資源や技術など生産要素が国境を越えて移動し、貿易も大きく伸び、各国経済の開放体制と世界経済への統合化が進む現象」とある。例えば発展途上の過程にあった東アジアでは、生産技術に強い先進国日本がその技術と資本を積極的に海外移転するかたちで、この地域のグローバル化が大きく加速された。

このグローバル化は製造業のみならず、例えば小売業や運輸業、金融業など経済活動全般にみられる現象である。そればかりではなく、国家制度の共通化や社会文化の交流など、それは広い分野に波及しつつある。

次にＩＴ社会化について考えてみよう。このＩＴは一般にＩＣＴ、情報通信技術とも呼ばれるが、本書では簡単にＩＴと表現する。その基盤にあるマイクロ・エレクトロニクスの技術力は、冷戦時代から東西両陣営の間で競われていた。ＩＴについては本文でも論じるので、ここではＩＴがもたらした社会の革命的変化についてだけ一言ふれておく。

情報や通信はそもそも社会的基盤として本質的に広域的存在であり、世界においてはグローバルなものである。かなり古い時代から海を越えて通信がおこなわれていた。しかし、ここであえてＩＴ社会を取り上げたのは、ＩＴの急速な進歩が全世界の文化（のある部分）を流動化し、一国の政治をも揺り動かす力を有するようになってきたからである。

今日、世界のどこかで大事件が発生すれば、それは瞬時にして世界中に伝わる。このことを知るのは一部の有力者やエリートだけではない。広く大衆がテレビを見るのである。あの西ベルリン・クアフュルステンダムの歓喜の歌声がそうであった。そして、３・11地震におけるあの東北・三陸海岸を襲った巨大津波の悲しい光景がそうであった。

このＩＴは、人を集めることにおいても絶大な力を有する。中東で起きたアラブの春においては、たった一夜で何十万の、時には百万に達する反政権勢力の若者たちを広場に集める驚くべき力を発揮した。若者たちが手にする端末がそこまでの力を発揮するのである。一党独裁の中国政府がいま最も警戒しているのは、携帯端末のこの力だ。

この世にその携帯端末の膨大なネットワーク化技術が誕生したのは、ほかでもない日本でのことであった。この経緯は松永真理子著の『ｉモード事件』（角川書店、二〇〇〇年）にくわしいので、ここでは詳細は割愛する。

要するに手の平に乗る当時としては超小型の携帯電話をインターネットにアクセスさせるということを、日本のＮＴＴドコモが実現したのだ。たった十年余り前のことだが、当時、決して簡単なことではなかった。ドコモの発想と執念に、日本の通信機器メーカーの高い技術力があったからこそ実現したのである。その前史として、米国の軍事研究所で開発されたインターネット技術が存在する。民間に開放されたインターネットは、九〇年代に広く世界に普及した。

今日でこそケータイといえばまずｅメールである。そればかりか、インターネットに接続された手頃な高機能携帯端末がどんどん登場してきた。いまや、そのコンテンツ（情報内容）の電波が地球の周囲を囲んで、もう一つの大きな世界を形成する時代になった。

失われた二十年と簡単にいうが、その間にも日本はこの世界を包んで誕生したもう一つの電波の世界においても、その産業技術力で重要な役割を果たしてきたのである。

読者とともに「日本の進路」を考えたい

実は、私は一九九〇年春に一冊の本を執筆した。六五年晩秋、生まれてはじめての海外で緊張した第一歩に西ベルリン・ブランデンブルク門の前を選んだ私としては、八九年のベルリンの壁開放は生涯のうちでも忘れられない衝撃の一つであった。この本は、その興奮覚めやらぬなかで書いたものである。序章を次のように書き始めた。

ひとりの政治家の決断により、戦いなくして「第三次世界大戦」が終わった。本書では、その「第三次世界大戦」後の日本の構図についてのべようと思う。「第三次世界大戦」は終戦のときを迎えた。それは同時に、共産主義というイデオロギーの世紀の実験に終わりを告げるものでもある。変化には時間がかかる。したがってまだ形骸は残るが、市場原理をともなわない完全な計画経済を実現するための一党独裁政治は、終局を迎えた。

これが、この時点での冷戦終結に対する私の評価である。ひとりの政治家の決断とは、いうまでもなくゴルバチョフのペレストロイカ（政権路線の改革）を指す。

それでは、なぜ東西冷戦に西側は勝ったのか。それは東西間の先端技術力に格差が生じたからである。西側世界と、市場原理が働く民間部門の開発力を持たない東側とでは、次世代兵器の死命を制する先端分野の技術力で決定的な差がついてしまったのだ。東側は、西側に対しそれ以上の軍拡競争を続けられなくなった。

この時点では、日本はその技術力の面において西側世界に大いなる貢献をしていた。しかし、それでは冷戦が終結して日本はどうするのか。この序章を次のように結んだ。

日本は、自らがリーダーシップをとって世界秩序の再構築に寄与する国際競争力はもっていない。しかしながら、アメリカのパートナーとしてその国家目標を地球社会への貢献へ向けることは可能なはずである。ただし、日本がそのための固有の理念と哲学がもてればである。アメリカ側からみると、東西冷戦が終わった結果、日本の位置づけが大きく変化している。東側世界に対する共同防衛力としての日本を必ずしも必要としなくなるからである。一九八九年までと、九〇年以降とでは、日米関係の基礎が全く違うことに、日本は気がつかなければならないのだ。

東西対立の解消により、地球は新しい時代を迎える。まだ過渡期にあって、偶発戦争や局地紛争の可能性がなくなったわけではないが、地球社会は、人類として共通課題に取り組む時代を迎えたと考えられる。それは、地球環境問題であり、南北問題である。日本には、世界最先端をいく技術に加え、固有の新しい文化を創造することにより地球社会に貢献するみちが残されている。

この本は、その表題を、『地球新時代　日本の構図』という。東洋経済新報社から出版された。したがって、今回の本書はその続編と位置づけられる。

前回のこの「日本の構図」は、二十有余年を経たいま読み直してみて、大きな時代の流れの認識はほとんど間違っていなかったと自負する。しかし、すでにふれたように、具体的な世界情勢や経済の姿は、当時だれにも予想のつかなかった速さで大きく変化した。しかも、その行方の方向は必ずしも明らかでないまま、その変化はいまだ進行中である。今日なお失われた二十年といわれる表現のなかには、そうした進むべき道の不透明感が漂っているのではないか。折しも、日本は人口減少の時代に入った。

こうした考え方に立って、この続編「日本の進路」では、これからの世界情勢や政治、経済の姿を見通しながら、読者とともに、日本の進むべき道を考えてみたいと思う。これが、この『日本の進路――混迷する地球新時代』を執筆しようとする目的である。

なお本書は、「日本国際フォーラム叢書」の一巻として書き下ろすものである。公益財団法人日本国際フォーラムについては、エピローグで紹介させていただく。

第一部　激動する世界と日本の立ち位置

日米同盟はアジア太平洋を支えられるか

第1章　東アジアが世界最大の経済圏に

経済圏としての東アジアとは

冒頭に、この東アジアを取り上げたい。

本書でいう経済圏としての東アジアとは、日本、中国、韓国、台湾、ASEAN（東南アジア諸国連合）諸国十カ国とインドで形成される経済圏としておく。

ちなみにASEANは、インドネシア、マレーシア、フィリピン、シンガポール、タイ、ブルネイ、ヴェトナム、ラオス、ミャンマー、カンボジアで構成されている。

なぜこの地域が東アジア経済圏なのか。かつて十数年前から、ASEANが主導してASEAN＋3（日、中、韓）で経済圏としてまとまろうではないか、とする動きはあった。しかし、その後、新興国や発展途上国の成長などを背景に歴史は速いテンポで進み、アジア太平洋地域についても各種の経済圏構想が提示されるようになった。近年話題になっているTPP（環太平洋経済連携協定）もその一つである。

だが、これらは政治も絡んで話が複雑になるので、ここでは、ひとまず日本を中心にした東アジア経済圏は前述のように定義しておく。しかし、それにしてもなぜ台湾なのか、なぜインドなのか。ここは多少の説明を加える必要があるだろう。

まず台湾は、中国との複雑な関係はあるが、東アジア経済圏を論じる時には、その規模から見ても機能から見ても、はずすことのできない地域である。日本にとっても大切な存在なのだ。

一方、インドは、モノづくり産業中心の東アジアにあっては、歴史的にも文化的にもやや異色な存在ではある。しかし、近年その経済開発の過程で日本との関係を深めており、東アジア経済圏としては、日本の立場から地政学的にはずせない存在である。産業分野でも英語と数学に強いことは魅力的だ。

この東アジアが、NAFTA（北米自由貿易協定）やEUを抜いて、近年、経済圏として世界一位になったのである。人口を基準にしていえば、人口十四億人の中国と十二億人のインドを含むのであるから、世界最大になるのは当然のことだ。しかし、ここで強調したいのは、この経済圏がGDP（域内総生産）でNAFTAを抜いて第一位になったことだ。

もとよりNAFTAやEUは、それぞれ国際社会における協定を基礎にした組織である。しかし、東アジア経済圏は一地域にしかすぎないという指摘があるかもしれない。だが、日本からいえば、この経済圏内の多くの国・地域とはすでにEPA（経済連携協定）を結ぶか、実質的にそれに近い関係にある。そして、日本の資本力と技術力を中心に、この地域はすでに世界のモノづくりセンターの機能を果たしている。域内の交易率も高い。

近代・現代は欧州の産業革命をスタートラインとして始まった。したがって、地球上で、まず近代産業が発達したのは欧州においてであった。しかし、その繁栄はやがて大西洋を渡り、二十世紀には、米国を中心とする北米大陸が世界で最も経済の発達している地域となったのである。そしていま、二十一世紀初頭に、この現象は太平洋を渡り、ここ東アジアが世界最大の経済圏になったのだ。

しかも、東アジアが急成長したのは、あの失われた二十年の間のできごとであった。この二十年は、前述のとおりまさにグローバル化が進んだ時代である。強調しておきたいのは、日本が、この東アジアの急成長に大きく寄与してきたことだ。

プラザ合意を機に始まった海外進出

四半世紀前のことである。日本から進出した企業を視察するためにタイを訪れた。過度の米ドル高を是正するため日、米、英、西ドイツ、フランスによる外国為替市場への協調介入が合意されたのが一九八五年九月のこと。会議がニューヨークのプラザ・ホテルでおこなわれたため、「プラザ合意」と呼ばれる。

その時、私は勤務先の日本興業銀行で資金部門の責任者をしていたので、「プラザ合意」のことは鮮明に記憶している。この合意の日から、わずか一、二年で日本円は米ドルに対し二倍を超える円高になった。このころから、日本企業の海外進出、特に生産拠点の海外移転が本格的になり始めた。この流れは、波はあるが、今日まで続く。先に述べたグローバル化の一つの現象でもある。

タイの話は、そのことに関係する。円高も一要素ではあるが、このころ始まったグローバル化は、もっと大きな歴史の流れではないだろうか。タイへの出張は、すでに調査部門に移籍していた私にとって日本の産業がもうひとつの新しい時代に入ったことを確認するためのものでもあった。

日本から派遣されていた担当者から現地で聞いた話は、タイの若者は手先が器用で勤勉であるということだった。それに、東アジアは総じて識字率も高い。

日系企業の工場が完成して女性労働者を募集すると、当日の朝には、あの森の中のどこに住んでいるのかと思うほど大勢の女性が集まってきた。日本でいう高卒に近い教育をしっかり受けている。日本企業の就業規制がそう決めているわけでもないのに、子どもを産んでも三日ほど経つと出勤してきてしまう。こういう生活文化はどんどん変わるので現在はわからないが、すくなくとも二十数年前は、彼自身こう話して驚いていた。

これは最近のこと、テレビでこんな話を見た。チャオプラヤ川の洪水による水害のために、ある日系中小企業のタイ工場から数名の若手タイ人が日本へ派遣されてきた。タイ工場が水没したために、すでに日本では生産を停止していた重要部品を、しばらく日本国内で生産しようというのだ。日本人労働者を指導するためにリーダーとして送られてきたのである。テレビの画面では、彼らは、インタビュアを相手にしっかり応答していた。

ここでふれたいと思ったのは、この東アジアの人びと、特にＡＳＥＡＮの人びとは、日本人とどこか共通しているのではないかということである。比較的短期間でのこの地域の経済発展は、日本からの資本、技術のみならず経営手法そのものの移転も大きく寄与していると思うが、その背景に彼らがこれを受け入れる素地があったのではないか。

もっとも、太古から、日本列島には大陸のみならず南の島じまからも、人びとはうまく潮流に乗れば島渡りで日本列島へ渡来することはできたはずだ。多少は血の流れもつながっているはずである。

中国の目覚ましい工業化については後述するが、人類学的には大陸を含めてアジア人という概念がある。アジア人は総じていえば手先が器用で、勤勉である。私の印象では、アジア全域の北の方が性格がやや硬く、南の方が相対的に柔らかいように思う。経済を論じるのにあまりこだわる必要はないのだろうが、国によりいろいろ特性があるように感じる。それは人種的特性か、それとも文化なのか。

アセアンウェイとは

ＡＳＥＡＮについて、もう少し言及しておこう。そもそも、この地域経済圏としての東アジアでＡＳＥＡＮが中心的座についたのは、たった十数年前、一九九七年のことである。中心的座といっても、そんなに難しい話ではない。地域の政治や経済について研究会仲間が集まると、ＡＳＥＡＮの人たちは、笑いながら自分たちはドライバーだと自称することがある。あの自動車に乗った時のドライバーである。

しかし、それはそれなりの意味がある発言であって、他の仲間たちは安心して後部座席に座っていればいいという話だけではない。われわれに対する敬意もこめて、あなたたちは車なのだから、しっかり走ってほしいという意味も含まれているのだ。

ここで簡単にＡＳＥＡＮの生い立ちを見ておきたい。誕生したのは六七年、結成時の原加盟国はインドネシア、マレーシア、フィリピン、シンガポール、タイの五カ国。ヴェトナム戦争の最中で、米国に加担する反共諸国の連合体であった。その後、八四年にブルネイが加盟、このころから経済開発や域内特恵制度など経済協力が推進され、さらに九五年ヴェトナム、九七年ラオス、ミャンマー、九九年にはカンボジアが加盟して、今日の姿となった。

もともと東西冷戦時代にその最先端で一西側陣営として発足した組織ではあったが、冷戦終結を機に東も西もなくこのように合体したものである。同じアジア民族で、例えば稲作のように共通する文化も少なくないといえばそれまでだが、宗教はさまざまであり、欧米の時代といえる現代に入ってからこの十カ国がそれぞれの歴史を歩んだ道には、あまりにも大きな差があった。

しかし、それにもかかわらず、彼らは大きな仲違いもなく今日までやってきた。そればかりか、彼らはASEAN憲章を制定、二〇一五年に向けて経済を中心にその統合を目指している。総人口は五億人を越し、もう少し経済が成長すれば、この地域経済圏は日本をも上回る存在感のある共同体になるだろう。この東アジアで、やがては中国、インドに次ぐ存在になるのである。

おそらく、冷戦時代には想像もつかなかった成功物語である。それでは、なぜこのようなことが可能であったのか。それは、彼らに、彼らが得意なアセアンウェイがあるからである、と私は考えている。

この地域の人びとは、古い歴史上は別として、稲作文化を背景におおむね平和を好む。ASEANは、伝統的安全保障機構ではない。相互に内政不干渉である。全参加国の合意を前提に運営が進められる。合意が得られなければ、じっと辛抱強く待つ。その中には、これまで軍事政権下であったミャンマーも含まれている。

これがアセアンウェイである。

ＡＳＥＡＮ＋３はこうして始まった

そのアセアンウェイの一例を示しておこう。ＡＳＥＡＮに今日の姿があるのは、それなりの歴史があったからである。第二次世界大戦以前の話は別として、戦後、この地域の経済発展について日本を含む欧米先進国が着目しはじめたのは四半世紀前からである。中でも熱心であったのが日本である。

ＡＳＥＡＮ＋３の首脳会議誕生について、東アジア共同体評議会政策報告書『東アジア共同体構想の現状、背景と日本の国家戦略』（東アジア共同体評議会、二〇〇五年）から、同関係部門を拾ってみよう。

今日の「東アジア」という地域概念の基盤となっているのは、一九九七年十二月のクアラルンプールにおけるＡＳＥＡＮ非公式首脳会議に際して開催された「ＡＳＥＡＮ＋３首脳会議」であった。この首脳会議は、同年一月に橋本龍太郎首相が東南アジア諸国歴訪時にシンガポールで行った政策演説によって、日本とＡＳＥＡＮ首脳による定期的な首脳会談を各国で提案したことを契機としていた。

この提案に対し、ＡＳＥＡＮ諸国では日本とだけＡＳＥＡＮがサミットを定期的に開催した場合に、中国への影響がどのように出るかについて懸念があった。そして、日本に中国と韓国を加えた三カ国とＡＳＥＡＮが首脳会議を行うべきという声が、徐々にＡＳＥＡＮ諸国間で調整されていった。その結果、一九九七年十二月に開催されるＡＳＥＡＮ非公式首脳会議後に、ＡＳＥＡＮと日本との首脳会議とともにＡＳＥＡＮ＋日中韓三カ国との首脳会議を開くことが決定された。こうして、ＡＳＥＡＮ＋1を狙った橋本提案は、結局、ＡＳＥＡＮ＋3の形成に間接的に寄与することになったのである。

東アジア共同体評議会が登場した背景

この引用の原典である政策報告書を作成した東アジア共同体評議会についても一言ふれておきたい。設立時から私も関係していたので、以下、私見も混じえた話である。

設立されたのは二〇〇四年五月であるが、それまでの前話がある。前述のＡＳＥＡＮ＋3の首脳会議は、後述するように一九九七年以降毎年開催されるようになったが、二〇〇三年、その傘下に「ＮＥＡＴ（東アジア・シンクタンク・ネットワーク）」および「ＥＡＦ（東アジア・フォーラム）」という東アジア地域を横断するトラック2（半官半民）のエピステミック・コミュニティ（知識共同体）が設立されることになった。

そこで、日本からは、外務省から求められて日本国際フォーラムの伊藤憲一理事長が前段階の準備会合に出席した。ところが、驚いたことには、帰国後の話では中国も韓国も事前知識を持っており、やる気がじゅうぶんだというのである。中国がＮＥＡＴの第一回開催国を引き受け、それに負けじと韓国がＥＡＦの開催国を引き受けたという。中国とＡＳＥＡＮ主要国とはすでに通じ合っているというのだ。この報告は、日本国際フォーラムの仲間内で大変な驚きであった。強い焦燥感を感じたものだ。

中国にひとつの考え方として東アジア共同体構想があることはわかっていた。それが大きな時代の流れであるからだといえる。歴史的背景は全く異なるが、欧州ではすでにＥＵが発足していた。

しかし、いまから十年弱前の話であるが、正直なところ、当時の日本としてはこのテーマについてそれほど詰めた考えは持っていなかった。何しろ失われた十年が延長戦に入ったところで、個別企業に東アジア進出の話はいろいろあったが、そこまでのことであった。産官学各界、いずれも東アジアという一つの地域社会を共同体（コミュニティ）という包括概念でくるところまでは進んでいなかった。

だが、東アジア地域社会におけるこのような動きを日本として放置するわけにはいかないだろう。日本国際フォーラムとしては乗りかかった舟である。ここで、一歩前へ出て、国内にこのような動静の受け皿となる知的プラットフォームを構築する決断をした。そのプラットフォームが、東アジア共同体評議会である。

その評議会自らが出した『東アジア共同体白書二〇一〇』（たちばな出版、二〇一〇年）のまえがきに、次のようにある。

東アジア共同体構想とは何か。日本はその構想にどのように関わるべきか。あるいは関わるべきでないのか。これは二十一世紀東アジアを生きてゆかねばならない日本にとって（仮に日本がそれに参加すべきでないとの立場をとるとしても）、無視することのできない戦略的課題である。（中略）

東アジア共同体評議会は、日本国内において十二のシンクタンク、一二三名の有識者・政治家・研究者、十名の経済人を議員として結集し、産官学の「オール・ジャパン」知的プラットフォームとして活動するほか、「NEAT」および「EAF」のメンバーとして、東アジア域内の他の十二カ国のメンバーたちと緊密な知的共同作業を行い、そこから東アジアの地域統合と共同体構築を目指す動きについて、最新の情報を不断に入手している。

評議会が設立された当時、日本国際フォーラムとして、そもそも東アジア共同体とは何か、それはこの東アジアでどういう存在になるのかという迷いはあった。しかし、歴史が歩みつつある現実も無視できなかった。そこで、前述のような組織や支援者の協力を得ながら、あくまでも中立的な立場から知的プラットフォームを立ち上げたのだが、その後のこの評議会の役割を考えるとこの判断は間違っていなかったと思う。

たしかに、数年前に比較するとこの地域に共同体をつくろうという必然性はうすれ、その声も聞かなくなった。それは、日本自体はもとより、中国やＡＳＥＡＮがそういう歴史をつくっているからだ。

しかし、それにもかかわらず前述した東アジア経済圏の成長である。そして、この後にもう少しふれたいと思うが、ＡＳＥＡＮ＋３が厳然と存在していることである。

日本にとってのＡＳＥＡＮ

日本が地球上のこの東アジアで生きていくためには、この東アジアという地域、そしてその中核にあるＡＳＥＡＮ＋３が非常に大切であると思う。なかでもＡＳＥＡＮは日本と相性がいいのではないか。もとより中国や韓国にかぎらず、インドや台湾など東アジア経済圏の国・地域とは積極的に良好な関係を築いていくべきだが、特にＡＳＥＡＮとは特別な関係にありたい。

ＡＳＥＡＮは、各国事情はさまざまであるが、第二次大戦時までタイを除き欧米各国の支配下にあったこともあり、アジア太平洋戦争の戦火に巻き込まれた。いくつかの国に対しては、日本が加害者でもあった。さらに、東西冷戦時代は、両陣営が接するインドシナ半島では多くの国で戦乱が続いた。

しかし、戦後は、当然のことながら日本はこれらの国ぐにからも平和主義の国と評価されている。日本の高度成長時代から今日にかけ、これらの国ぐにに対し多額のＯＤＡ（政府開発援助）を投じ、その社会基盤構築を支援してきた。かなり以前から多くの民間企業がこれら諸国を資源国として、さらにグローバル化時代に入ってからは生産拠点として活用している。

近年注目されるのは、このような国からＥＰＡ（経済連携協定）の一環として看護師や介護福祉士を受け入れ始めたことである。これも歴史の流れであることを特に強調しておきたい。それは、日本で少子高齢化が進んでいるからである。

この看護師、介護福祉士は、現在日本の国内資格を取得することを条件としている。したがって、応募者には日本語という言葉が高い壁になっているのだが、これは大きな問題だ。政府は、振り仮名などで外国人への支援の努力をしてはいるが、とてもその程度で片づく問題ではない。しかし、このことは、日本が自らの進むべき道に障壁を築いているようなものである。第６章でも改めてふれるが、日本の少子高齢化はそんな簡単な問題ではない。

いずれにせよ、今後は日本への外国人労働者流入が増大する。特に学者や医師のみならず、看護師や介護福祉士など知的労働者の流入が必然的な流れになるであろう。そうしなければならない。

そのときに、職種に区別があるわけではないが、知的労働を越えて心の働きを強く求められるのが介護福祉士である。そして、日本人にとり相性がいいのがＡＳＥＡＮの人びとではないか。これから十年後には、日本では驚くほど介護福祉士が必要になるということを強く心にとめておきたい。

チェンマイ・イニシアティブの誕生

ここで話をもう一度ＡＳＥＡＮ＋３に戻そう。九七年に、ＡＳＥＡＮ＋３の首脳会議が発足したことはすでに述べた。実は、まさにそのとき偶然に、この地域を通貨危機が襲った。それは、この年七月にタイ・バーツから始まり、インドネシア・ルピア、韓国ウォンなど、東アジアに燎原の火のごとく広がる。

この現象は、いったん東アジアに蓄積された貯蓄資金が、一度欧米の資本市場に流れ、再び東アジアに投機資金として還流したことが一つの原因となった。当時、東アジアの資本市場はまだ未成熟であった。

翌九八年になっても、この危機は収まらない。ＩＭＦ（国際通貨基金）の関与は、必ずしもこの地域の実情にそぐわなかった。この年のＡＳＥＡＮ首脳会議主催国はヴェトナムであったが、同国は同年十二月にふたたび日中韓三カ国の首脳を招いた。日本は、当時、大手銀行の経営破綻など国内金融が混乱の頂点にあったが、これを断ることはできなかった。

このＡＳＥＡＮ＋３にあって、国際金融を熟知しているのは日本のみである。首脳会議に出席した小渕恵三首相は、東アジアのこの経済危機を克服するために、円借款などを柱とする総額三百億米ドルの、時の蔵相宮沢喜一の名を冠した「宮沢構想」を提示、早期実現を促した。後に、米国の協力を得たうえで資金枠も追加され、この通貨危機はようやく収束に向かった。

この過程で、日本はアジア通貨基金構想（ＡＭＦ）を提示したが、これは米国と中国の強い反対で実現しなかった。しかし、その代替策として、二〇〇〇年に日中韓とＡＳＥＡＮ主要国との間で通過スワップ（資金融通）協定が締結される。締約国が外貨不足に陥った場合に関係各国でこれを融通しあうための枠組み、ネットワークを構築したのである。

このネットワークは、タイのチェンマイにおいて開催されたＡＳＥＡＮ＋３の蔵相会議で合意されたことから、「チェンマイ・イニシアティブ」と呼ばれる。この枠組みは、今日までにいっそう強化されている。

そもそもこの金融危機は、東アジアにおいて短期で調達した資金を経済成長のために長期の投資に向けて運用していたために、欧米資本にその資金調達の長短ミスマッチ（不整合）という弱点を衝かれて発生したものである。しかし、その源泉はといえば、東アジアの貯蓄資金が欧州の市場に回されていたのだ。

やや単純化して紹介したが、要するに当時は東アジアの資本市場がいかにも未成熟であったといえる。しかし、ここは私見だが、これが欧米の金融資本主義の本性である。本書では、後に日本の金融資本のあり方にも言及するので、一言このような感想を述べておく。

さて、ここで次の重要な二点を指摘しておきたい。

第一に、このような金融危機を経て、このＡＳＥＡＮ＋３の首脳会議開催が九八年以降も定着した。実は、このＡＳＥＡＮとの＋３の首脳会議自体はその後メンバー国が拡大しているが、ＡＳＥＡＮ＋３という狭義の東アジアとしての地域概念は確立したといえる。しかも、そのＡＳＥＡＮが、前述のとおり十五年には共同体になるのだ。

第二に、その東アジアが自らの手で経済危機を乗り越えたことで、この地域に、域内のこととは域内でしなければ域外からは支援してもらえないとの考え方が固まった。この時期、東アジアの結束意識は大変高まったのである。前述の東アジア共同体評議会は、そうした中から誕生したともいえる。

韓国は日本のよきライバルである

話題を転じて、韓国について一言ふれておく。中国については次の章で取り上げる。

この国は、日本にとり、地理的に最も近い国である。そういう意味で大切にしなければならない。韓国から見ると、朝鮮半島は大国中国と国境を接しており、日本はその次に近い国である。

日本は島国であるのに対し、韓国は半島国家である。日本人にはわかり難いが、半島国家というのは、国を守るということについて、非常に緊張感が高い。日韓両国間には歴史上いろいろあったが、現代史において、日本は一時期韓国を併合した。このことは、将来とも歴史上消すことのできない事実である。その意味で、日本は韓国と国際社会において謙虚な気持ちでつき合わなければならない。しかし、それ以上でもなければ、それ以下でもない。正しいと思うところは正しいときちんと主張すべきである。

戦後、日本が高度成長時代を駆け抜けた後、彼らはその日本を自力で追いかけ、ある部分で追い抜いた。それは日本のビジネス・パーソンやエコノミストが考えるよりはずっと早かった。一例だけ示そう。二十数年前、日本の多くの経営者は、半導体の生産力で韓国に追いつかれることは絶対にないと考えていたが、簡単に追い抜かれた。個別の資本力の大きさなど社会制度の相違や円高・ウォン安など理由はいろいろあるだろうが、要するに日本は国際競争で負けたのだ。

日本と韓国はよきライバルであるのだ。希望的観測でいえば、今後もそうであろう。これは、経済面だけではなく、文化面やスポーツの世界でも同じことがいえる。それでいいのではないか。

話が少しそれるが、社会生活について一言ふれておきたい。

近年はすっかり影が薄くなってしまったが、日中韓についてその社会生活を透かしてみると、共通項の一つとして儒教が浮かびあがってくる。これは二十数年前に韓国で女性の通訳と雑談したときのことである。彼女は、現在の生活に儒教の影響が残る強さの順は、韓国、日本、中国だと言った。彼女自身の縁談の難しさについてふれたものである。

日本人の日常生活に儒教の意識は全くないが、実は身近なところでこれに出会うことがある。ちなみに儒教とは、孔子を祖とし、仁、すなわち愛やいつくしみを説く政治、道徳の教えである。

以下、その日常性としての例は『儒教とは何か』（加地伸行著、中公新書）による。

仏式葬儀に参列して、本来拝むべきは本堂の中央に安置された本尊である。仏教では、仏（ここでは本尊）をこそ崇め拝むことがいちばん大切であるからだ。私も、菩提寺では法話でそのように聞かされている。ところが、葬儀参列者のほとんどは、故人を想って柩に向かい焼香するだけで、本尊に対しては全く素知らぬ顔で退場してしまう。実は、これは仏教ではなく儒教のマナーなのだ。仏教では、柩は単なるモノにすぎない。したがって、本尊に対する読経が終わると、あとは遺族と葬儀屋に任せて導師はさっさと退場してしまうのである。

話が長くなるが、もう一例紹介しておこう。日本はお彼岸やお盆になると、祖先の墓参りをする。ところが、仏教においては、墓を建てることはもとより墓参りなどはあり得ない。墓参りは、本来儒教であるのだそうだ。したがって、お彼岸やお盆の日を選んで墓参りをするのは、「日本の仏教」の習慣だそうである。

さて、いわゆる「+3」、日中韓の一つの特色は、態様はまちまちだが家族主義にあると思われる。その背景には、祖先を崇拝する儒教の影響があるのではないか。もっともその家族主義も、各国とも近年はグローバリズムの影響があって大きく変わってきてしまったようだ。

そもそも日本は、戦後の民主化による家督制度の廃止とその後の高度成長を背景とする生活の都市化で核家族化が進み、往年の大家族主義はすっかり影が薄れてしまった。近年は、高齢者にかぎらずマンションでの独り住まいが増えている。このことは、社会福祉のあり方とも大きく関係する問題だが、第6章、第7章で改めて論じたい。

話を韓国に戻そう。韓国は日本のよきライバルであると述べた。国民性は、日本より少し激しいように思うが、島嶼《とうしょ》国家と半島国家の差であろうか。私はあまり気にしない。

歴史は、ある時思わぬ変化をするものである。ここ一、二年後ではないだろうが、数年後以降に、韓国と北朝鮮が統合するか、それに近い姿になる日がくるかもしれない。人口でいえば、日本のおおよそ半分になるが、現在の韓国が一回り大きくなるのだ。しかし、それでも、日本はその新韓国とよきライバルであり続ければいいと思う。

問題は、まずありえないことだが、ごく小さい確率で核武装付きの新韓国が誕生することである。これは、日本の国のあり方の根幹にかかわる大問題だが、一応考えの中には入れておくべきであろう。後から、想定外であったとは言いたくない。

第2章　現代版帝国主義の中国、その限界

米中、二超大国時代をどう考えるか

プロローグで、中国はいまや米国と並んでG2（グレート2）と呼ばれるようになったと述べた。二超大国時代の到来である。

東西冷戦時代には、米国とソ連がそれぞれの両陣営における極であった。この極とは、国際社会をリードする中核的力、パワーを指している。しかし、ここでいう二超大国は、文字どおり二つの超大国ではあるが、極ではない。極と超大国では、本質的に異なっていると考える。

それでは、米国や中国は、どのような超大国であるのか。

米国は、GDP（国内総生産）で世界一位であるばかりではなく、近代的兵器による軍事力において現状では圧倒的に世界一位である。これに対し、中国は人口で十四億人擁し、GDPで米国に次ぎ世界二位である。やがて米国を抜き一位になるだろうというのが、これまでの一般的な見方だ。

問題は、この国が、現代版帝国主義ともいうべき膨張政策をとっていることである。いうまでもなく、日本にとっては、米中は単なる二超大国ではない。米国とは太平洋を挟んだ隣国同士で、日米同盟の関係にある。一方、中国とは、歴史的には長い関係にあるが、地理的には先隣《さきどなり》同士である。今日の日中間の最大の問題は、後に詳細に述べるが、日本を含む欧米先進国と価値観を一にしていないことである。その中国が、ＧＤＰのみではなく、軍事的にも膨張しつつあるのだ。

この章では、このようなことを念頭に置きながら、中国について述べたい。米国については、次の章で論じる。

実は、拙著に『米国か、中国か』という本がある。二〇〇七年に、ＰＨＰ研究所から出版された。この本は必ずしも焦点を米国と中国に絞ったものではなく、ポスト・ポスト冷戦時代を念頭に置きながら広く日本の世界戦略を考えるなかで、米国や中国とのあり方を論じたものである。むしろ論点の一つを、戦後の日本は自由貿易を存分に活用しながら経済大国化してきたが、今後新興国が台頭し化石燃料など資源調達に制約が生じる時代を迎え、日本はどう生きていくかという点に置いた。

ここにいう「ポスト・ポスト冷戦時代」とは、私自身が〇六年三月七日付『日本経済新聞』夕刊コラム「十字路」欄に寄稿した時代概念である。前述の拙著では、冷戦締結直後の米国一極時代がごく短かったことを強調し、執筆時はそれに次ぐ時代であると認識できることを指摘した。これがそのポスト・ポスト冷戦時代であるが、本書では、その全体を通してポスト東西冷戦時代という概念で話を進めている。

前置きが長くなったが、すでに拙著『米国か、中国か』をお読みくださった読者には重複することをお詫びをし、ここに同書から「中華思想の染みついた中国」と「モジュール化が中国経済を発展させた」の二節をほぼ全文紹介させていただく。この後に述べようとしている中国論に対し、ちょうど手頃なまえがきになると考える。

なお、引用に当たっては、本書に合わせ一部表現を補正した。

中華思想の染みついた中国

中国は、中華思想の国である。中国人自身に、そのことを否定する気持ちがあるのか、ないのか。多分、ないであろう。仮に否定する気持ちがあっても、現に、国名は中華人民共和国なのである。この国は、日中戦争や国内における内戦を経て、一九四九年に毛沢東を主席として誕生した。

それ以前の国名は、一九一二年の辛亥革命によって成立した中華民国である。辛亥革命は、中国最後の王朝、清朝を倒したブルジョア民主主義革命である。中国は、一八四〇年前後に中国人にとり屈辱的な阿片戦争を体験するが、その本格的な近・現代史は、この辛亥革命から始まったと考えていい。中華民国にせよ、中華人民共和国にせよ、そこには中国人としての誇りと思い入れがあるのではないだろうか。

それでは、近・現代において、中国人が自称する「中華」とはどういう意味なのか。その歴史は古い。『広辞苑』（岩波書店）によれば、中華とは、「中国で、漢民族が、周囲の文化的におくれた各民族（東夷、西戎、南蛮、北狄と呼ぶ）に対して、自らを世界の中央に位置する文化国家であるという意識をもって呼んだ自称」であるという。そうであろうと理解する。

したがって、日本は東夷なのである。といっても、向きになることはない。聖徳太子ふうに表現すれば、日本は日出ずるところの国であり、中国は日没するところの国なのである。こういう話は、日常は、お互いにそう思っておけばいいだけの話である。

しかし、相手の国をどう理解するかというときには、この事実は重要な要素である。この中華思想は、中国人の意識の深層に染みついているからである。

数年前、観光旅行で秦の始皇帝の陵墓を訪れた時のこと。有名な八千体の兵馬俑《へいばよう》は圧巻であったが、案内をしてくれた若い女性のガイドがぽつりと言った。「中国では、あと十年もすればアメリカのように街に自動車があふれるようになりますが、アメリカは百年待っても地下からは何も出てきません」。

米国の地下は、いくら掘っても何も出てこないが、中国の地下からは、世界遺産がいっぱい出てくるのである。かわいいといえば、かわいい話である。こちらは、観光客として、じゅうぶんに堪能させてもらおう。

だが、その中国が現実には日本の隣国なのである。人口は、現状で日本の十倍強である。将来は、この差はもっと開くだろう。この中華思想の国、中国と、日本はどうつき合うかである。

当時の時代背景があったにせよ、日本は、中国大陸に侵略した。中国は、抗日統一戦線を結成し、日中間では戦争が勃発した。中国に攻め込んだ日本の軍隊は、市民に対し狼藉も働いた。

まさに戦争である。ソ連では、サンクトペテルブルクに籠城した市民百万人がヒトラー（ドイツ軍）の攻撃で命を失ったという。日本では、米国により広島に、長崎に、原爆を投下された。さらにソ連により、六十四万人の男性がポツダム宣言に反して酷寒のシベリアに強制抑留された。しかし、多くの日本人は、このことを水に流してしまった。流れの豊かな日本では、昔から水に流す習慣があったからである。

二〇〇三年、南京を訪れる機会があった。このときは、この都市に仕事で立ち寄ったのだが、こちらから希望して、南京大虐殺記念館を訪問させてもらった。

日本人の有識者のなかには、この問題に触れることを嫌う人も少なくない。記念館の壁には遭難者が三十万人と大書されているが、当時の市民数からいって、とてもそんな数にはならないはずだと反論する人もいる。たしかに、白髪三千丈の類かもしれない。しかし、私は、数の問題ではないと考えている。この街で、一九三七年、日本軍が占領する際に多数の中国軍民を虐殺する事件があったという事実があり、そのために、広島に原爆資料館があるように、後世に語り伝えるために記念館が建てられているということが、日本人にとっては重要であると思っている。

仕事で面談した中国人は、静かな語り口で、この出来事は自分たちの祖父母の時代にあった事件であるが、いまでも、多くの家庭のなかで語り伝えられていると話してくれた。彼らは、簡単には水に流していないのである。

モジュール化が中国経済を発展させた

中国は世界のなかでも歴史の古い国である。早くからの文字の発明など、中世までは世界を代表する先進国であった。日本も、古代以来、多くの文化や制度を中国から移入してきた。しかし、中世から近代に進む時期に、日本は早い段階で近代化を達成したのに対し、中国は、イギリスの侵略、続いて日本の侵略を受け、近代独立国家として独立するまでに、多くの苦難に遭遇した。中華思想の彼らにとっては、それは耐え難い屈辱でもあった。

第二次大戦後、中国大陸では、蔣介石の率いる国民党と毛沢東の率いる共産党との争いとなったが、敗れた国民党は台湾に封じ込められた。一九四九年、大陸では、共産党により中華人民共和国が設立された。一方、中華民国は国民党政権が継承し、米国の支援もあって、国際社会では中華民国が中国として認知された。これに対し、大陸は、長い間中国共産党、あるいは中共と呼ばれていた。

しかし、この間、中共は国家として実力を涵養し、一九七一年に至って、米国が中華人民共和国の国連加盟を容認したが、多くの国がこれに追随した。国際社会で、中共が中国として認知されたのである。

この結果、台湾は、国際的には中国の一地域という地位にとどまることになった。ただし、中華人民共和国も中華民国も中国は一つという立場をとっており、建前としては、双方とも自らを中国の正統政権としている。ただ、台湾の劣勢は覆い難く、ここから台湾の独立問題が発生する。だが、中国の立場から見れば、地政学上、日本列島に連なる台湾の独立は絶対に認められない。

さて、中国大陸には、このように、戦後、早い段階で共産主義国家が樹立された。中国は、ソ連とは東北アジアで長い国境を接している。しかし、共産主義を選択したのは、それだけの理由ではないだろう。阿片戦争や日中戦争を経験した彼らにとって、近代化を進めるためには共産主義が魅力的なイデオロギーであったに違いない。そこには最高指導者毛沢東の信念が読み取れる。帝国主義的侵略の被害者になった彼らには、資本主義の選択はなかったのである。

インドも社会主義を志向した。しかし、インドのそれは、最初から民主主義を内包していた。また、善し悪しは別として社会体制としてはカースト制を持ち、イギリス植民地時代も経験していたので、そこには、自ら社会秩序があった。しかし、中国は、共産党一党支配のもとに、厳しい国家管理体制が敷かれた。国土も人口もインドよりはさらに大きく、しかも、社会的に近代をほとんど体験していない中国にあっては、その選択しかなかったのではないか。

中国は、もし共産党一党支配でなければ、今日まで持ちこたえられたかどうか、私は疑問に思っている。共産党一党支配を批判するのはたやすいが、それでは、人口十三億人（著者注＝現在は十四億人）のこの国をどのようにして治めていくのか、その答えを知りたい。

中国は、共産主義ゆえに、経済面では西側経済にずいぶん後れを取った。さらに、文化大革命という回り道もあった。

この国が、近年、急速に経済成長したのは、世界の生産基地と呼ばれる東アジア経済圏のなかに組み込まれたからである。もちろん、自らのインフラストラクチュア整備や巨大な製鉄所の建設など、経済発展の基盤整備には怠りはなかった。しかし、何よりもその急速な発展を支えたのは、生産工程のモジュール化である。

モジュール化とは、電子工学によるデジタル化のなかで形成された設計、生産、部品、製品の標準化を指す概念である。専門的には難解な技術用語だが、ごく簡単にいえば、あらゆる部品間のインターフェイス（接合面）まで、全生産工程が標準化されていることを指す。良質な労働力など条件さえ整えば、モノづくり経済は急速に発展することになる。中国は、この波に乗ったのである。

しかし、中国という大国の経済がさらに発展するためには、その独創性が求められる。競争原理の働かない社会主義が経済面で成功しないことは、すでに冷戦時代に経験済みである。モジュール化されたシステムでの生産に徹して能率を上げるのであれば、それは社会主義国家管理のもとで可能であろうが、そこからは独創性は生まれてこない。自由主義化された国際社会にあっては、それだけでは大国の経済を支えることはできないのである。ここに、今後の中国の大きな課題がある。

「白い猫でも黒い猫でも――」

モノづくりの世界で中国がどのように立ち上がってきたかに言及したが、ここで経済社会全体の面からもう少し見ておこう。

私がはじめて中国を訪れたのは一九八五年秋であった。正確にいうと、ちょうどニューヨークで例の「プラザ合意」の話し合いが進められていた時である。勤務先の興業銀行が、中国政府に頼まれて日本におけるビジネスの進め方につき北京の近郊で一週間ほど研修会を開いた。そのおり、私は講師の一人としてこの会に参加、半日かけて、戦後の日本で高度成長時代にどのように成長金融がおこなわれたかの話をした。

戦後の日本と八〇年代の中国とでは事情は大きく異なるが、国内で成長資金をいかに供給するかが重要な課題であることについては共通するところがあった。日本では、高度成長時代、これらの資金は興銀など長期金融専門の金融機関や都市銀行など大手銀行を通じて供給された。

特に高度成長時代の前半、財閥グループの中核的存在である都市銀行は貸出し需要に資金調達が追いつかず、日本銀行からの借入れに常時依存するオーバー・ローンの状態にあった。このため金融政策は伝統的な公定歩合の操作だけではなく、中央銀行である日銀が個別銀行ごとに毎月の貸出額を指導するというかたちでおこなわれていた。

これはほんの一例であるが、私は研修会でこのような話をした。聞き手は数十名の若者たちである。半数くらいが女性であったように記憶するが、非常に薄化粧なのが印象的であった。彼ら彼女らは熱心にノートを取っていたが、当方の幹事役が教えてくれたところによると、彼らは、夜はグループごとに昼のテープを聞きながら遅くまで議論しているとのことであった。

まだ中国が先進国から学び、自国経済を近代化しようとするごく初期の段階であったと思う。当時、彼らのこの真摯《しんし》な姿勢は、私は好感を持っていた。その後も何度か中国を訪れる機会はあったが、中国は変わってきたなと思うようになったのは、研修会の数年後である。当時は、まだ中国は共産主義の国という認識であったが、その中国で市場原理を導入するというのである。

この論理は私の世代では全く理解できなかったが、結論だけいえば彼らはそれを成し遂げたと思う。すなわち、政治、社会統治の世界には共産党一党支配を残したまま、経済の最先端部分は資本主義化、市場経済化を進めたのである。当然政治と経済の接点の部分では大きな軋轢《あつれき》も生じたであろうが、その軋轢はすべて共産党政治が呑み込んでしまったのだ。

もちろん、その背後では賄賂が横行し、一方で多くの国民の苦難があったと思うが、ここではこれ以上は触れないでおこう。あの鄧小平が「白い猫でも黒い猫でも鼠を捕る猫はいい猫だ」と有名な宣言をしたころの猫である。やる気のある者がおおいに元気を出した時代であった。

経済成長率が屈折しはじめた

だが、中国は現在も未だにそうであるが、完成された法治国家でもなければ民主主義国家でもない。要するに、まだ体を成した近代国家ではないのである。したがって、鼠の捕れない大部分の国民、それは半分が農村部にいるが、彼らにとっては大変厳しい国である。先に市場経済導入の過程で政治と経済の接点に生じる軋轢は共産党が呑み込んだと述べたが、正確にいえば、実はその付けのほとんどがこのような国民に回されたというべきかもしれない。

そのころ中国を訪れると、どこへ行っても都市では市街地の改造が進められ、郊外ではハイウェイなどインフラ整備がどんどん進められるようになった。見聞したところでは、その現場では驚くほど安い労働力、あの鼠を捕れない猫たちが大量に使役されていたのである。

しかも多くの国民にとり法的権利があいまいなまま、これまでの慣習や実績が無視されて自分たちの家屋や田畑がどんどんつぶされていくのだ。多くの農民は法律で農村の戸籍に縛られ、自由に都市へ移住して鼠を捕る猫になることもできない国である。都市部に限らず農村部に限らず、こうした国民の不満はうっせきしていった。正確な統計は発表されていないが、国内で大小さまざまな暴動が多発していると伝えられる。

こんな時代がすでに二十年余りも続いたであろうか。先にグローバル化の時代、ＩＴ社会化の時代ということを指摘したが、いくつかの新興国が台頭するなかで、年率一〇%を越える高い成長率の中国は、この間をトップランナーとして走り続けてきた。いまや世界第二位の経済大国である。

しかし、その中国も、ようやく転機を迎えようとしていると考える。象徴的な経済成長率でいえば一〇%を大きく割り込むということであるが、そのことよりもより大きな問題、本質的な問題は、中国がこれまでの価値観を改めて問われる時代に入ろうとしていることである。大国としての中国の、そのあり方が問題になるのだ。

そもそも成長率でいえば、北京オリンピックと上海万博を終えるとピークアウトするだろうといわれていた。確かに成長率はオリンピックと万博の終了を契機に一〇%を割るようになった。しかし、それは二大行事の終了による内需の後退ということもあるが、より大きい原因は、ほぼ同時期に発生したリーマン・ショックとそれに続くユーロ圏の金融危機という世界経済の波乱の方が大きな原因ではないか。

中国経済は、内需もさることながら、これまでは欧米など先進国への輸出に支えられている面が大きかった。その欧米経済が頓挫しかかっているのだ。リーマン・ショックの方は、大局的に見れば、それ自体はすでに回復期に向かっているが、ユーロ圏の金融危機の方は、次の章で述べるようにまだまだ長引く問題である。しかも、結局のところ、米国経済もその欧米経済という枠組みからは逃れられない。

輸出依存ということでは日本も同じだが、この欧米経済の頓挫が成長途上にある中国経済に及ぼす影響は決して小さくない。なぜならば、この国はある程度高い成長率がなければ十四億人の国民が治まらない国であるからだ。そもそも一人当たりＧＤＰは決して大きくないが、そこに大きな貧富の格差があるうえ、前述のように国民の不満がうっせきしているからである。ある程度実感できる成長がなければ、国民を押さえられない。

指摘したいのは、ここでその成長率が屈折しつつあることである。中国に、自力でこの成長率低下という屈折点を押し戻す力はないと見る。国内にそれだけの独創性のある経営力や技術力を有していないからである。

成長の転機がもたらす中国の限界

そこで、経済成長率が低下して例えば常時六％以下になると、中国はどうなるか。以下は仮説になるが、国民の大きな反応は次の二つになる。一つは、大半を占める下層国民の実力による示威行動である。もう一つは、その実態は掌握できないが、いわゆる中間層と学生に象徴される知識階層による反政府運動だ。

前者は、これまでも伝えられている暴動である。その数が目に見えて増大し、規模が拡大すると考えればいいだろう。

問題は後者である。中間層とは、自らを富裕層でもなければ貧困層でもないと自覚している層である。この層は、一般に国の政治をバランスの取れた目で見ている。日本は中間層が非常に厚いが、中国では、まだ経済的階層上半分のその三〇〜四〇%ではないだろうか。これに、実質的にはオーバーラップするであろうが自国の政治のあり方に目覚めた学生、若者たちを加える。両方を合わせて、仮に知識階層としておこう。

先に、中国は転機を迎えようとしているのではないかと指摘したのは、この層の厚さが表面化し、政治が変わるのではないかという期待である。中国という大国が、日本や欧米先進国と異なる価値観、反民主主義でいつまでも国の運営ができるのであろうかということだ。

十年ほど前までは、中国の知識階層に属する若者から、共産党一党支配は非常に堅固な構造で簡単には崩れないものだと聞かされていた。しかし、この十年間で世界のグローバル化は一段と進み、社会はＩＴでネットワーク化されるようになった。それこそ、アラブは春、否、春嵐の時代を迎えたのだ。

中国における共産党一党支配の体制が、共産党自らの手による改革で変化するのか、それとも国民の手により党の外側から倒されるのか。外国人である私にはわからない。

おそらく中国の知識階層にこういう話をすると、現在でも共産党一党支配はそんなに簡単に変わるものではないという話が返ってくるであろう。しかし、十数年後に振り返ってみると、やはりあのころが一つの転機であったと認識されるようになるのではないか。

ただ、ここで一つの注釈が必要である。それは軍の存在である。アラブの春でも各国それぞれ軍が大きな存在であるが、中国では、人民解放軍が今日の中華人民共和国があることに対し大きく関与してきた。この軍は、一応共産党一党支配の統治機構の中に組み込まれているというが、これが主席を頂点とする行政組織にうまく治まっているのかどうかは、外部からはよくわからない。

この十年間、中国で気になるのは、その現代版帝国主義ともいうべき資源を求めての膨張主義である。例えば、アフリカなど未開発国への積極的進出であり、東シナ海や南シナ海への強引な展開である。それが国際ルールに従ったものであれば問題ないが、近年の中国大陸近海での展開は、その多くが国際法からはずれたものである。

中国のこのような動きは決して許されるものではないが、彼らとして、ここまで軍事力が強くなったということのあかしのつもりであろう。背景には、米国の軍事力が徐々に後退しているという事実もある。また、中国政府の立場からいえば、経済成長率が低下しているだけに国民の関心を外に向けたいという気持ちもあるだろう。

南シナ海では、これを公海であると主張するヴェトナムやフィリピンなど近隣諸国と、自らの排他的経済水域であるとする中国との間で、しばしば争いが起きている。中国は、江戸時代から日本の固有領土である尖閣諸島を一九七〇年代になって自国領土であると主張しはじめ、周知のとおり派手なパフォーマンスをしている。これらは、中国にとりそういう主張であると同時に、騒ぐことにより国民の目を外に向けることにも役立っているのである。

問題は、中国が国際社会において近代的国家としての価値観が共有できないまま、その経済力を背景に軍が力を拡大することである。すでに空母をはじめ艦船の力を増強しつつあることはよく報道されているところであるが、彼らが沖縄諸島の間を抜け太平洋上で米軍と直接対峙する時代が来るかどうか。

私は、すでに述べたように、中国は近く経済成長の面で転機を迎えると見ている。仮に何年か後に世界景気が回復しても、中国がこれまでのような高度成長を続けるとは思わない。人口も、一人っ子政策の影響もあり、やがて減少に向かうであろう。

そもそも中国は大陸国家であって海洋国家ではない。したがって、その空母艦隊が本格的に太平洋の中央まで進出することは、あまり意味がないことであると考えている。

しかし、当分中国の国家体質が変わらないとすれば、南シナ海や日本列島の周辺を徘徊することは、じゅうぶんにありうることだ。

今回の尖閣諸島問題を巡り、二〇一二年十月二十五日付日本経済新聞（朝刊）に、「米、日中仲介へＯＢ外交」と題する三段抜きの極めて重要な署名入り報道記事が掲載された。登場人物は、ＯＢ外交という名の下での超一流人物で、本書の一つの主題である日米同盟につき、また現時点での米中関係につき、米国の本心がよく理解できる記事である。

本書を書き進めるにつき欠くことのできない情報と認識し、少々長くなるが、ここに全文紹介させていただく。

尖閣諸島を巡り緊張が高まる日中関係の仲介を図るため、オバマ米大統領が日中両国に急派した超党派の元米政府高官グループが、中国に対して自制を求めていたことが分かった。元高官らは尖閣問題で武力を背景とした威嚇行為などに出た場合、日米安全保障条約に基づいて米国が日本に加担すると明確に伝えた。中国側は尖閣国有化を「日本の軍国主義化の表れ」と非難して米国に「中立化」を求めたが、米側はこれを退けた。

訪中したのはスタインバーグ前国務副長官（民主党）、ナイ元国防次官補（同）、ハドリー元大統領補佐官（共和党）、アーミテージ元国務副長官（同）の４人。複数の米政府関係者によると、キャンベル国務次官補（東アジア・太平洋担当）が発案、クリントン国務長官、ドニロン大統領補佐官（国家安全保障問題担当）による検討を経て、オバマ大統領が承認した。

米側一行は22日から23日にかけて中国の次期指導部で首相候補とされる李克強・政治局常務委員や戴秉国・国務委員、楊潔篪・外相らと相次いで会談。米側は「中立の姿勢を取る」との原則論を示した。そのうえで尖閣諸島を日本が実効支配している実情などを踏まえ、中国側が過激な対応を取った場合、「日米安保体制に揺らぎはない」（ナイ元次官補）と伝え、米側がこれを看過しないと言明した。

ホワイトハウス関係者によると、7月に訪中したドニロン補佐官は中国の次期指導者、習近平副主席と会談した際、米中間の包括的な戦略対話を来年から一層前進させたい意向を伝えている。イラン・北朝鮮による核開発問題や地球温暖化対策などの難問解決に米中間の協力は不可欠との認識が背景にある。

鳩山・民主党政権下で揺らいだ日米同盟体制を立て直しつつ、中国に新興大国としての自覚を促し、グローバルな視野での協力を促す――。二本立てのアジア戦略を描くオバマ政権にとって、尖閣諸島の領有権を巡る日中間の綱引きは想定外の出来事だった。

中国との協力ムードを損なわず、一方で日米安全体制に揺るぎがないことを日中両国政府に同時に伝えるため、オバマ政権は通常の政府間公式ルートとは違う、超党派の大物米政府OBによる訪問団を派遣した。公式対話では難しい本音を伝え、日米安保を盾にして尖閣国有化を含む「現状」を維持することを中国側に迫ったといえる。

もっとも中国側は日本の尖閣国有化について「第2次世界大戦後の国際秩序を破壊する行為」などと主張、中国が「現状維持」を受け入れた形跡は見られない。このため、米側は中国がベトナム、フィリピンなどと領有権を争っている「南沙諸島、西沙諸島の問題」（米政府関係者）にも言及しながら、強硬姿勢は中国にとってより大きな戦略的損失につながると警告したという。

（編集委員　春原剛）

第3章　世界は大きく変化している

極が喪失した世界

プロローグで世界が人類全体にとり地球大の存在になることを述べ、次いで第1章、第2章で、東アジア、特に中国について、東西冷戦終結後、今日に至るまでの経済成長の様相を紹介した。この章では、次の章で欧州と米国を論じるに当たり、世界の力関係の変化につき、多少補足をしておきたい。

ポスト東西冷戦時代に入りまず指摘すべきは、世界における極の喪失である。極とは、ここでは国際社会をリードする中核的力、パワーを指している。周知のとおり、冷戦時代にはソ連と米国がそれぞれ東西両陣営における極であった。

それでは冷戦後はどうなったか。すでに述べたようにごく短期間、米国一極時代が到来したかに思えたが、二〇〇一年に9・11テロが発生して、その一極は消失した。そもそも冷戦後、この地球上に極と呼べるパワーを有する国は存在しない。

近年の新興国の台頭で、米国はもはや過去のように圧倒的なその力は持たない。ソ連解体後のロシアは、近年その資源を背景とした経済力で、せいぜい新興国の一つに数えられる程度である。

それではＥＵ（欧州連合）はどうか。その構成国のどの一国も世界の極としての力を持たないことは明白である。それでは全体でまとまったＥＵとしてはどうか。よく知られるとおり、そのＥＵも多くの構成国の国家債務問題で苦労しており、ＥＵ全体としてとても極とはいえない。

それでは中国はどうか。この国は人口こそ十四億人、ＧＤＰで世界第二位の国であるが、人類の存在に対する理念もなければ、世界運営に関する哲学もない国である。とても極と呼べるパワーを有する国ではない。

東西冷戦時代は、ソ連と米国が一応しっかりとその両陣営内を押さえていた。したがって、相互確証破壊理論（一方の陣営が核攻撃を仕掛けた時は、これに耐えた相手方が必ず核兵器で相応の反撃をするために、双方の核攻撃に抑止力がかかっている）という時代の大きな枠組みのもとではあるが、陣営内の紛争はもとより、両陣営間で核戦争が勃発する可能性はほとんど皆無であった。

しかし、現在は、世界で特定の二〜三カ国が世界全体を仕切るという時代ではなくなった。

世界は大きく変化しつつあるのだ。

地球新時代へ向けての不戦共同体意識

冷戦時代後半からポスト冷戦時代にかけ、旧西側陣営に不戦共同体意識が芽生えた。この時期、国際社会の理念として人間の安全保障やこれを保護する責任が提起されるようになった。不戦共同体意識は、このような理念の担い手となった先進民主主義国間で自ずと形成されていったといえる。

先に日本と中国の間では価値観を一にしていないという表現を用いたが、ここにいうその理念とは、この価値観を構成する重要な要素の一つである。

それでは、先進民主主義国とはどういう国ぐにであるか。それは必ずしも国の大小を問うものではないが、あえて例示すれば、例えばG7サミット構成国の日、米、英、フランス、ドイツ、イタリア、カナダである。冷戦終結後は、やや甘い評価になるがロシアもこれに加わりG8と呼ばれるようになった。

このすぐ後でいわゆるアラブの春にふれるが、執筆の現在時点でシリアが内戦で大きく揺れている。アサド政権軍による反政権軍に対する虐殺行為は、まさに人間の安全保障に対する侵害行為そのものである。しかし、多くの民主主義国が国連を通じてこれに介入しようとしているのに対し、安全保障理事会常任理事国であるロシアと中国がこれに反対している。

両国は、それぞれ現アサド政権と従来からの関係があるが、表立った反対理由は、内政不干渉である。これは、この現代において、国家とは何かという問題の投げかけである。ロシア、中国共に、このポスト冷戦時代にあって、未だ民主主義の未成熟、少数民族問題という大きな問題を抱えている。ここは内政不干渉でなければ絶対に困るのだ。

ロシアについては後に簡単にふれるが、いずれにせよ中国は、現状では不戦共同体の一国には絶対に数えられないのである。

アラブの春はなぜ春嵐となったか

そこで、ここでアラブの春そのものについて簡単にふれておきたい。

二〇一〇年末、チュニジアに端を発して始まった中東・北アフリカの騒乱は、一九六八年、当時のチェコスロヴァキアでソ連に反抗しておこなわれようとした自由化政策、いわゆるプラハの春になぞらえて、当初、アラブの春とも呼ばれた。アラブ各国の王制、専制君主制に対する各国国民大衆による反政府運動である。

この騒乱は、地域全体の多数国に拡大、各国様相はまちまちだが、これまでなかったケイタイ端末を活用、広場に数十万人の大衆が動員されるようになった。私は、当初からこれを世界史に刻まれるべき騒乱と認識、ベルリンの壁開放や9・11テロに続く事変と見て簡単には収まらないと考えていた。本質的に歴史に絡むこの騒乱は、現にまだ継続中である。

なぜ、本質的に歴史に絡むのか。この中東・北アフリカ地域に存在する多数の国は、民族としては歴史が古く、古代に遡《さかのぼ》る。しかし、今日の国家の体を成したのは、二十世紀に入り欧州各国の支配から独立する形によるものであったが、その姿は、非現代的なものである。民主主義国家ではないのだ。アラブの春と呼ばれるのは、この騒乱が国民大衆、すなわち市民社会による反政権運動であるからである。

各国社会構造はおおむね政権体制、軍、市民社会で構成されている。経済的利権の多くを押さえているのは政権体制であり、軍もこれに関与しているが、軍が必ずしも政権体制の一部とは限らない。問題が複雑なのは、この横割りの社会構造に、宗教（イスラム教とその宗派）や部族、本来政権機能である司法などが縦割りで多様に絡んでいることである。反政権派といっても、そのような明快な市民集団があるわけではない。

アラブの春は、このように歴史的に根深く、混沌とした騒乱である。すでに、いくつかの国では春嵐となっている。イスラム主義諸国域内の政治・社会的混乱では収まらないだろう。単に各国政権が倒壊するだけの話ではないからだ。

この地域が、地政学的に見て世界で一、二を競う化石燃料の生産地であることはいうまでもない。周知のとおり、日本はその原油のほとんどを中東から輸入している。要衝の地である。

域内にはイランのように明らかな反米国家も存在する。しかし、米国はその主義主張をひとまず横に置き、これまでエジプトやバーレーンなどの親米的政権を足場にこの地域との関係を構築してきた。だが、今回はその土台が崩れる話なのだ。しかも、この中東には、イスラムと対立するユダヤの国イスラエルが存在する。この小国イスラエルは、第二次大戦直後の建国の経緯もあり、米国には外交的にも経済的にも非常に重要な国である。

見てきたように、この中東・北アフリカの騒乱は簡単には収まらないだろう。そして、米国の地域における存在感は、イスラエルとの関係を別にすれば、徐々にうすくなるのではないか。それにもかかわらず、この地域は、北朝鮮や台湾海峡などと並んで、世界の火薬庫の一つなのである。

憂慮される核拡散や国際テロ組織

さて、前述のとおり、冷戦時代に表面に立って世界を構成する国は数少ない先進国に限られていた。しかし、ポスト冷戦時代に入り、新興国やその後を追う途上国の台頭で、国際社会で行動する国の数は目立って増えてきた。例えば、かつて主要先進国のＧ７で開催されていたサミットは、近年は必要に応じ東アジアや中南米、アフリカを代表する諸国も加えられ、例えばＧ20で開催されるようになった。主要な国際機関のトップの候補に手をあげる国も少なくない。そのポストは特定国の指定席ではなくなったのである。

　このように、かつての極がなくなった世界において大きな問題は、核兵器の拡散である。冷戦時代には核兵器を保有しているのは国連における五大国、米国、英国、フランス、ソ連、中国に限られていた。したがって、世界全体において相互確証破壊理論が通用したのだ。

　しかし、今日はそうはいかなくなった。それは、そもそも核兵器技術の拡散が比較的に容易であるからだ。それを押さえるのがいかに困難であるかは、北朝鮮を見れば明らかである。そのうえ相手が得体が知れないならずもの国家や国際テロ組織であるばあい、確証破壊理論そのものが有効に機能しない。

　ちなみに、現在核兵器を保有し、あるいは保有する直前と考えられている国は次のとおりである。すなわち、前述の五大国のほかに、インド、パキスタン、イスラエル、北朝鮮、イランであるとされている。

　しかし、日本はこうした緊張感に少し欠けているのではないかといわれる。近年の国際テロはイスラム主義に関連した事件が多く、その意味では、そもそも宗教宗派に寛容な日本ではこの問題はあまり深刻に考えられてはいないのかもしれない。しかし、仮に北朝鮮の核武装が明らかになったらどうするか。この問題に対する国論は、まだ固まってはいない。

われわれ日本人は、いつも米国の傘の下にいると思っている。しかし、それはそうではないのかもしれないのだ。後に、改めて考えてみたい。

いずれにせよ、ポスト冷戦時代はある意味で自衛の時代である。何事にせよまず自分で守るということは、それが国家のレベルであれ、自治体のレベルであれ、個人のレベルであれ、常日ごろから自覚しておかなければならない。

地球大の世界が抱える課題

ここまでに、世界が人類全体にとり地球大の存在になったことを見てきたが、実は、その人類全体が現在急膨張しているのである。

すなわち、東西冷戦が始まったころの世界人口が、冷戦終結時には約その二倍に達し、現在三倍に達しつつある。この世紀の半ばごろには四倍近くに達するだろう。

実数でいえば、一九五〇年に二十五億人であった世界人口は、九〇年に五十三億人に達し、二〇一一年に七十億人を越した。一般に、二十一世紀半ばには九十億人に達するだろうとされている。

これから論じようとしている資源や地球環境の立場からいえば、これをベースに観察しなければならない。なぜならば、先進国の生活パターンは資源多消費型であるからだ。といっても、その実態を詳細に分析することは困難である。ここでは、ごく概数で大きな流れを見ておきたい。

まず、ここでいう先進国の線をどこで引くかということはあるが、ひとまず日米欧主要国とし、その人口を十億人としておく。この数が十五億人を大きく越すような話ではない。

そこで、これからは、この先進国人口の四、五倍の人たちが、先進国の経済水準を達成しようと追いかけることになる。現に、すでに追いかけている。その数は、増えることはあっても減ることはない。

もとよりこの追いかける人たちにも、前の方を走る準先進国や新興国から、後述する最貧国までその差は大きい。一方、先進国にも、使い捨て文化の米国から、「もったいない」精神の日本まで、その生活文化の開きは大きい。

これを数字で表現することは不可能であるが、大きなイメージだけはつかんでおきたい。いま地球上で何が起きているのか。先進国の何倍もの人びとが、自分たちも先進国と同じような経済社会をつくりあげたいと考えている。それは、自分たちの権利であり、これを先進国が妨げるのはおかしいのではないか。彼らは、そう思っているのだ。すでに新興国ではマイカー・ブームが始まっている。

しかし、地域の資源は、それが鉱物であれ再生可能な食料であれ、有限である。地域の大きさ自体が有限であるからだ。

そこで、例えば人口十四億人の中国は、資源を求め領海や排他的水域を腕力で拡張しようとする。これは明らかに国際社会のルール違反である。

一方、数年前には、穀物価格が急騰して世界的に食料の暴動が発生した。原因は気象条件など複雑で一概にはいえないが、背景に新興国などの人口増加があることは否定できない。現在でも、世界には十億人近い最貧国があるのだ。毎日食べる物に事欠く大勢の子どもたちがいることは忘れないようにしたい。

このように限られた地球上で人口がどんどん増大し、そのうえ一人当たり資源消費量が増大すると、その先に待っている大きな課題は、いわゆる地球環境問題である。この課題も緑と生態系の保護にはじまりその周辺の課題は限りないが、中心にあるのは大気と水の問題である。

大気とは、主に、いわゆる地球温暖化問題である。工業化による二酸化炭素など温暖化ガスを原因とする気象変動は、長期的にみて人類の持続的生存をおびやかすものであるとされる。産業革命後、すでにこの地球温暖化現象はそれなりに進行してきた。

現在懸念されているのは、これまでに見てきたような人口増大とその先進国化で、この現象が一段と加速されることである。人類にとり、太陽の短期的な表面活動の変化を越えた、もっと長期的な課題である。

次に、水の問題とは二つある。一つは、人口増大とその先進国化で、人類の生活に水の供給が追いつかなくなる問題だ。もう一つは、そのこととも表裏の関係にあるが、自然の浄化機能が不足する問題である。これはより深刻な問題で、全生態系に影響を及ぼすことになる。

この大気と水の問題は、技術立国日本にとり重要な課題であると考える。本書で世界が人類全体の地球大の存在であるとする理由の一つは、地球新時代をこのように理解しているからであることも強調しておきたい。

第4章　動揺するＥＵ、存在感が後退する米国

EUの誕生と冷戦後の拡大

この章では、はじめにEUとロシアに簡単にふれた後、新興国の台頭で存在感の後退する米国を論じたい。

周知のとおり、冷戦時代には、ごく一部の中立国を除き欧州は東側世界と西側世界とに歴然と分かれていた。そして、その西側世界の大部分の国は、EEC（欧州経済共同体）から の歴史を有するEC（欧州共同体）を構成し、またこれと並行する形で安全保障面のNATO（北大西洋条約機構）が米国も参加するかたちで構築されていた。この西欧の体制と、太平洋の日米同盟とが前章で紹介した不戦共同体形成の太い柱となったといえる。

冷戦終結とほぼ重なるが、このECが、一九九三年十一月マーストリヒト条約の発効によりEU（欧州連合）となる。EUは、外交・安全保障、経済・通貨、社会の三分野にわたる共同体で、この時点での加盟国はフランス、ドイツ、英国ほか総数十二か国である。

ここで注目すべきは、この共同体が通貨の統合などその内容を一歩踏み込んで深化させたことである。EUは、そもそもその構想をシュペングラーの『西洋の没落』（一九二〇年）に端を発し、クーデンホーフ・カレルギーの『汎ヨーロッパ綱領』（二三年）を下敷きにしている。したがって、その幅は広く奥は深い。だが注目すべきは、主権を各国に残したまま共通通貨を採用したことである。これが今日の金融危機につながるのである。

さて、ＥＵはその後も加盟国の拡大を進め、旧西側の主立った国はもとより、ポーランド、ハンガリーなど旧東側、社会主義体制下の主立った国も将棋倒しに参加し、現在その総数は二十七カ国となっている。冷戦による欧州の分断は克服されたといえる。この地域も不戦共同体と認識するが、このことは、同時にプロローグで述べた一つのグローバル化の現象と理解することができる。

ＥＵになぜ金融危機が発生したか

ところが、ギリシャの財政破綻を契機にそのＥＵが金融危機で大きく動揺している。このことではギリシャ自体にいろいろ問題があることは報道されているところだが、私は、次のような二つの理由から、この問題は容易には収束しないのではないかと考えている。

第一に、これは全くの推測だが、ギリシャ国債波乱の背景に、通常の平穏な市場ではなく、巨大なファンド、すなわち金融のプロが存在して相場を張っていたのではないか、すなわちギリシャは彼らの餌食になったのではないか、と思う。あの十数年前の東アジア金融危機の欧州版である。ただし、自由主義下でそこに正規の市場があれば、これを責めることはできない。

だが、この十数年で、いわゆるソブリン・ファンド（国家の息のかかった基金）を中心にして市場に流通する資金は驚くほどの巨額に達している。金融商品はいつ彼らに襲われるかわからない。ギリシャ国債の問題は、このグローバル化時代、よそごとと思わない方がいいだろう。

第二に、このような考え方に立つと、ＥＵはギリシャを徹底的に救済するか、それとも思い切って捨てるかでなければ、この問題は解決できない。しかし、ＥＵはタイミングを失ってしまったように思う。

これが初期の段階であれば、ギリシャをユーロから切り離すという手術の方法はあったであろう。だが、いまやこの問題はギリシャ一国にとどまらない。次から次へと問題国が並んでしまったからだ。ギリシャは別といっても市場では通用しないだろう。

これらすべてを切り離すということは、要するにユーロを解体するということだ。そもそも主権も政策もばらばらの国が通貨だけを共通にするということに無理があったのである。しかし、これでは世界経済全体が大混乱に陥るであろう。

そこでどうするか。もう一つの策は、ユーロはそのままにして、そこから生じる重い負担を少数の国で担ぐことである。具体的には、例えば問題国の財政赤字を肩代わりすることである。ＥＵで共同債を発行し金繰り支援する方法はこの考え方につながる。だが、ＥＵの中にはこれに積極的に賛成する国はないようだ。どの国も国民が強く反対するからで、ＥＵにそこまでの結束力はないようである。

結局、この問題は世界経済全体の問題であるから、いざとなればＩＭＦ（国際通貨基金）が乗り出せばいいではないかということになる。執筆の現在時点では、この流れはある。

しかし、この考え方に私は賛成できない。

そもそもユーロをどうするのかという基本策が不透明なままＩＭＦが本格的に出ていっても、問題の本質的解決にならないからだ。これでは単に金繰りを支援する話にはなるが、当事国の国民でさえ反対している資金を、なぜＩＭＦを通じて直接関係のないよその国、例えば日本の国民が負担しなければならないのか。

はっきりいえば、なぜドイツがもっと汗をかかないのか、ということである。

この問題は、結局非常に長い時間をかけて財政赤字国の問題が収束するまでじっと待つか、目先で思い切ってユーロを一度改革するかしかないであろう。

前者は、ＥＵの中で小刻みに改善を加えていくのを忍耐強くじっと待つということだが、その間、ファンドは市場でこれを相場のいい材料にするだろう。全快までには数年を越える覚悟が必要と思う。後者は短期決戦だが、その結果ユーロの姿、ひいてはＥＵの姿が大きく変わることになるだろう。その間、世界経済は一波乱避けられない。

いずれにせよ、この間、欧州はその他のことに関しては大きく動けないのではないか。米国の問題も、東アジア太平洋圏の問題も、そして日本自身の問題も、このことを前提に考えておくということになる。

ロシアをどう評価するか

冒頭に、ロシアが、日本から見て国対国の関係で全く信用できない存在であることにごく簡潔にふれておこう。以下戦争終了時のソ連に関する事実関係は、長谷川毅著『暗闘　スターリン、トルーマンと日本降伏』(中央公論新社、二〇〇六年)による。

日本では、日本政府のポツダム宣言受諾決定が日本時間の一九四五年八月十四日で、戦争終了は天皇の「終戦」詔書放送のあった翌十五日と考えられている。その一両日後までに、日本軍と連合国軍によるほとんどの戦闘が停止された。

しかし、現実には、それから九月五日まで、ソ連軍によるいわば不法なロスタイムがあったのだ。すなわち、戦闘が停止されたなかで、ソ連軍はクリール(千島列島)への侵攻を続けた。東京湾に停泊したミズーリ号艦上で関係国による降伏文書の署名がおこなわれたのが九月二日で、この時点で戦闘は完全に終結したわけだが、ソ連はさらに五日までかけて北方領土の歯舞諸島に上陸した。彼らは力不足のうえ準備不足で、無抵抗のなかをたかがクリールを押さえるのに三週間もかかったのだ。

また、ポツダム宣言では、日本軍は武装解除された後に家庭に帰ることが許されるとされていたが、ソ連は日本人捕虜六十四万人を極寒のシベリアへ送った。長い人で十年以上の強制労働に使役され、六万人以上が異国の地で帰らぬ人となった。

周知のとおり、この北方領土問題が未解決のため、日本とロシアの間ではまだ国際法的には戦争は完全には終結していないのである。

先に、ロシアを不戦共同体の一国に数えるのはいささか甘い評価だがと述べたのは、このような事実をふまえたものである。現実に、現在でもロシアは国際連合の安全保障理事会で常任理事国の一国として中国と共に拒否権を行使することがある。欧米型民主主義国と完全に価値観を共有しているとはいえないのではないか。

しかし、ロシアは文化的にヨーロッパ志向の強い国である。政治の透明度も中国よりははるかに高い。戦略的に、安全保障という観点からは、価値観の共有できる国として不戦共同体の一国として数えておいた方がいいだろう。むしろロシア自身にそのことをいかに自覚させるかである。

ロシアは、経済的には資源の豊かな先進的新興国と評価することができる。その技術力は例えば宇宙開発に見られるように世界で最先端の分野も有するが、市場経済化ということでは、これからどう展開するかである。はっきりいえば、どこまで信用できるかということだ。

かつての東側陣営のほとんどの国は、ＥＵに流れてしまった。あの豊かな資源を抱え、これから特に市場として注目したいのは日中韓の北東アジアである。日中韓の立場から見れば、シベリアまでが、その広い東アジアの概念の中に入ってくるという話なのだ。ただし、相互の利害関係が異なるので、将来よほど大きな話にならないかぎりプロジェクトとして日中韓とロシアがまとまるということにはならないのではないか。

日本としては、ロシアの資源に対し非常に魅力はあるが、どうしてもというほど困っているわけではない。やはり、相互に国としての信頼を欠く関係にあるわけであるから、個別企業がリスクを負いながら取り引きをしていくというところが限界と考えるべきである。

中国とロシアは長い国境で接している。通常の友好関係はそれとして、よほど時代が変わらないかぎり国防上相互にその国境の存在は意識していかなければならない。特に、ロシアは、これからシベリア人口の希薄化が進む。だが、人口大国である中国としてはシベリアの資源に強い関心はあるものの、結局このような関係のなかでつき合っていくことになるのではないか。

韓国は、北朝鮮問題はあるが、将来は別として当面はロシアと積極的に接していく必要はないと考える。

先進国はハードパワーが低下している

ここで、主題を米国に移したい。いうまでもなく、米国は、現在日本が同盟を結んでいる唯一の国である。

日米同盟は、第二次世界大戦、日本にとってはその一部を構成するアジア太平洋戦争終結時の歴史過程から必然的に締結された同盟関係である。あの戦争は一般には太平洋戦争と呼ばれているが、私はより実態に近づけるためにこのように名づけている。

終戦時に強かった一部の左翼思想の立場に立てば、日米同盟成立に必然性はなかったというかもしれない。しかし、当時、ほとんどの国民が平和と民主主義を理解し、支持した。終戦時からの過程でいえば、あの一九六〇年（昭和三十五年）の安保闘争を含めても、国民全体の半分以上の支持を得て日米同盟は存続してきたと考える。現在でも同じだろう。

それでは、遠い将来に日本は憲法を改正して軍事力を保有することはありうるのか。私は否定的な考えだが、こういう問題はあまり断定的に論じるべきではないだろう。しかし、はっきりしていることは、今すぐにこれを肯定的に考える時ではないということである。

したがって、日本は今後も日米同盟を必要とする。大半の国民がこのことを支持するだろう。そこで、ここでは日本が同盟を締結する相手国、米国の立場から少し地球新時代を考えてみたい。

米国が世界で一極の立場でなくなったことはすでに述べた。その背景には、これは先進国にほぼ共通した要因だが、発展途上国、なかでも新興国の成長により、いわゆるハードパワーが相対的に低下したことがある。

ちなみにハードパワーとは、国家において文化、政策、理念などの魅力によって相手国を引きつける力をソフトパワーと呼称するのに対し、国力や権力などを直接表現する経済力や軍事力を指す。ハーバード大学教授のジョゼフ・ナイが一九九〇年に提起した概念である。本書でも後でもう一度用いたい。

そこで、ハードパワーとして、国の経済力を表す代表的な数字であるGDPの世界構成比の推移を見ておこう。

米国のGDPが二〇〇〇年に世界を一〇〇として三一・四%であったのが、二〇一〇年には二二・九%まで低下した。日本は、同じ期間に一五・三%から八・七%になった。主要先進七か国（いわゆるG7）は、合計で六七・四%が五〇・二%まで低下している。

同じ数字を発展途上国ということでいわゆるBRICS（ブラジル、ロシア、インド、中

だが、実は、この二つの戦争によって米国はかなり国力を消耗したと考える。

湾岸戦争は、一九九〇年八月、イラクが隣国クウェートに侵攻したことを契機に勃発した。東西間の冷戦終結直後のことである。当時、西側世界は、イラクのサダム・フセインの狙いが世界石油市場支配にあるとしてこれに厳しく反発、米国を中心に西欧諸国とエジプトなどアラブ内の反イラク諸国とで大規模な多国籍軍が結成された。

九〇年初頭、多国籍軍はイラクへの攻撃を開始したが、この戦闘そのものは短期間に多国籍軍の勝利で終わった。しかし、フセインによる力の統治が解かれた後、イラクはイスラム教各宗派間の争いが乱れ、国内が治まらなくなった。極端にいえば今日までその状態が続き、テロ行為も多発しているため、米国も完全に手を引くことができなくなっている。

こうしたなかで発生したのが、〇一年九月に米国で勃発した9・11テロである。この日、ニューヨークの世界貿易センタービルやワシントンの国防総省ビルなどに向けて飛行中の旅客機を激突させるという前代未聞の同時多発テロが発生した。米国は、十月にこのテロを仕掛けたアルカーイダと同組織をかくまうアフガニスタンのイスラム原理主義政権タリバンへの攻撃を開始した。

これがアフガニスタン戦争の発端である。そして、前述のとおり、一一年五月にアルカーイダの首謀オサマ・ビン　ラディンを殺害し、この長い戦争は一応実質的に終わった。

湾岸戦争において、フセインがなぜクウェートに侵攻したのか、いわれるように世界石油市場支配の意図があったか否かは必ずしも明らかではない。しかし、そのことが米国という虎の尾を踏んだことは間違いなかった。一方で、米国による多国籍軍という大掛かりな反撃の裏には、一部の関係者の間でフセインが核兵器や化学兵器を隠匿しようとしているのではないかという強い疑念があった。だが、イラク占領後の捜索で、これらの証拠はいっさい見つからなかった。

一方、この湾岸戦争が、続く9・11テロにどの程度直接的な影響があったかは、今日までのところ関係者からは明らかにされていない。ただ、このテロがイスラムの立場からの米国に対する挑戦であることだけは肯定的に考えざるをえない。米国は、このテロを米国に向けた戦争であると受け止めた。

いずれにせよ、サダム・フセインはイラク国民による裁判により死刑に処せられ、またビン・ラディンは直接米軍の手により殺害された。ここでは、これ以上せんさくする余地も必要もない。だが、歴史過程の概念としては、この二つの戦争は米国対イスラムの戦いという一つに包括できるのではないか。米国は、この二つの戦争で、経済力や軍事力などその国力を大きく消耗した。同時に、ヴェトナム戦争のときほどではないが、国民に厭戦《えんせん》気分をもたらした。実質的に終焉の明らかでないテロリストとの戦いになったからである。

米国は、現在核兵器の非拡散という観点から、北朝鮮とイランの現状を問題にしている。しかし、米国の国内世論を含め、いますぐに米国側から行動を起こすことはないものと考える。また、一〇年末から始まったアラブの春も、一部政府の非人道的行動を含め、現在は春の大嵐の状態になっているが、ここで米国が主導権を握って前へ出ることはないであろう。かつて米国は世界の警察官と呼ばれた。現在、米国民の気持ちにそれがあるかどうかはわからないが、もうその力は残っていないのではないか。

これからの世界は果たして平穏か

簡単に過去の変化を振り返っておこう。世界は相互確証破壊という文字どおり冷戦を経て、米国一極時代を迎えた。しかし、この一極時代は、米国にそのような意識があったか否かは別にして、新しく米国対イスラムという対立時代を迎えたために極めて短期間に終了した。

私は、この対立を単純な宗教のそれとは思わない。むしろ、この地球新時代に入り、中世以来の文明開化をリードしてきた欧米諸国に対して、その他何十億人の人びとのごく一部にではあるが、批判精神や反抗心が芽生えているのではないかと考える。

その標的として、資本主義の最先端を行く米国が選ばれたのではないか。貧富の格差問題といえば、米国自身がその問題を抱えている。原発事故を体験したわれわれ日本人も、ふと文明のあり方には思いを致すことはある。

米国対イスラムといっても、そこに明快な宗教や哲学の対立があるわけではない。だが、この戦いを仕掛けたイスラムの側には、文明への漠然とした批判の気持ちはあったのではないか。一方、湾岸戦争にせよ、アフガニスタン戦争にせよ、これを受けて立った米国の側には、世俗的な意味ではあれ相手はイスラムという気持ちははっきりあったと思う。

ここで言いたいのは、この問題は簡単には片づかないであろうということだ。その理由は、割り切っていえば大国を相手にした国際テロによる戦いだからである。

ここでテロとは何かを論じる余裕はないが、一般に理解されているように、政治的に対立する相手を威嚇《いかく》する暴力的行為としておこう。その対立が国境をまたがるのが国際テロである。イラクにせよ、アフガニスタンにせよ、テロリストの側から見てその相手が米国だけというわけではない。混乱した国内において、宗派間、部族間の政争もあるだろう。しかし、米国としては、国内の荒れたイスラムの国をそのまま放置するわけにはいかない。そのテロが結局自国へ跳ね返ってくるからだ。

このように見ると、この問題は何年もかけて尾を引くことになるだろう。

米国は、このほかにも国際テロではないが、前にもふれたように北朝鮮とイランという二つの国の問題を抱えている。いずれも日本とは関係のある国だ。

この二国と国際テロとで共通しているのが核拡散の問題である。そもそも核兵器の開発はそれほど難しいことではない。米ソ二極対立時代は、相互確証破壊ということもあり、核兵器は両陣営で一応管理されていた。しかし、冷戦終結後、この核兵器の拡散を抑止することが非常に困難になっている。

北朝鮮という国についての詳細は割愛する。今後自ら改革ができるかどうかである。イランは、日本にとっては大切な石油輸入国であるが、米国とは折り合いがよくない。これまたイスラムの国である。

そこで結論を述べると、東西冷戦時代が終結して、世界に平和な時代が訪れた、と一瞬思われた。しかし、世界には国際社会のルールに従わないならず者国家や国際テロリストが存在する。しかも、彼らは核兵器や生物・化学兵器を用いる可能性があるので、国際社会としては目が離せない。

米国対イスラムをどう考えるかは人により評価が分かれるが、いずれにせよ現在このならず者国家や国際テロの問題は、米国が中心になって引き受けているかたちなのだ。その分だけ米国に重い負担がかかっているといえる。

だが、米国には、財政赤字や国民の厭戦気分から察して、自国側から積極的に戦いを仕掛けるつもりはないであろう。ただし、念の為ふれておくが、新興国が台頭したとはいえ、軍事力はいまでも米国が世界一である。また、ソフトパワーでも、米国に及ぶ国はない。

米国の二つのニュー・フロンティア

フロンティアといえば辺境地、ニュー・フロンティアは、新しく進出しようとしている広大な未開拓分野としておこう。

米国につき、現在その存在感が後退するなかで負担ばかり重いことを述べてきた。しかし、この国は、そんなことで元気を失う国ではない。現在でも、多くの国民が米国は世界の中央に立っていると思っている。

その彼らには、いま二つのニュー・フロンティアがあるのだ。それは、シェールガスとアジア太平洋である。

唐突に聞こえるかもしれないが、現在、世界の関係者の間で非常に注目されているのがシェールガスである。後述するように非在来型天然ガスを指すが、米国にとってはこの天然ガスが二十一世紀を代表するエネルギーになるかもしれないのだ。その天然ガスの飛躍的大増産が近年米国で可能になったのである。

二十世紀は、象徴的にいえば米国にとっては自動車の世紀であった。それは、世紀の初頭、フォードによる乗用車の大量生産から始まった。同時に、これを支えたのが、国内で大量に産出される石油である。やがてこの石油が中東でも大量に生産されるようになるとともに、自動車も世界に普及した。自動車に象徴される人類の文明は、石油により実現されたエネルギーの大量供給によって支えられていたのである。

だが、近年、その石油に長い目で見てかげりが見え始めてきたのだ。その一つが、米国はもともと資源保護の観点から石油の国内生産を抑制気味にしていたが、世界全体で石油生産がピークを越したと指摘されるようになったことだ。地球上の資源は有限である。

もう一つは、人類が地球温暖化問題に強い関心を持つようになったことである。そこで注目されるのが原子力であり、再生可能エネルギーともいわれる自然エネルギーである。

この問題については後に改めて論じたいと思うが、いずれにせよこれらのエネルギーがすぐにエネルギーとして石油に全面的に代わるわけではない。そういう局面で突如登場したのが非在来型天然ガス、すなわちシェールガスである。この天然ガスは、二酸化炭素排出量が石油よりはるかに少ない。

そもそもシェールガスとは泥土が堆積した頁岩《けつがん》層に含まれる天然ガスをいう。採掘しやすい在来型天然ガスに比較して、採掘が難しいためコストが見合わずにこれまで放置されていた。ところが、近年の目覚ましい技術革新により低コスト化が実現、埋蔵量の豊かな米国で大量の生産が可能になった。

ジョークで米国の国花はカー（車）ネーション（国）といわれる国である。二十一世紀のエネルギーが誕生したということで、米国は、いま高揚感が高まっているという。

もう一つのニュー・フロンティアがアジア太平洋である。

といっても、米国にとりアジア太平洋はめずらしくない。一八五九年にペンシルベニア州で石油が発見される以前は、彼らはクジラを捕るために太平洋に多数の捕鯨船を出していた。クジラを捕まえてどうするのか。そのころは鯨油が灯油になったのである。米国の捕鯨船は、今日流にいえば日本の排他的経済水域、小笠原諸島の奥まで入り込んでいたのだ。

少し時代が下ってアジア太平洋戦争時代、彼らにとってもこの地域は陸海ともに戦場であった。大戦終了後も米国は日本の占領や朝鮮戦争、ヴェトナム戦争などで当事国として深い関係をもった。

東西冷戦時代は、このアジア太平洋側のいわば鉄のカーテンは、北からソ連、北朝鮮、中国、ヴェトナムの東側（北朝鮮は三八度線）に沿っていた。したがって、米国から見れば、そのラインは日本、韓国、台湾、フィリピンの西側に沿っていたわけで、これらの国ぐにが地政学上、非常に重要な地位を占めていたわけである。

実は、この関係は、ポスト冷戦時代に入った現在も、その地政学的評価はあまり変わっていない。それは、西側諸国との価値観の共有ができない中国が大国化し、今後の米中関係が注目されることと、ロシアが必ずしも素直に旧西側に同化していないからである。ただし、中国とロシアが同盟関係にあるわけではない。むしろ、この二カ国は長い国境を挟み、微妙な関係にある。

米国から見ると、アジア太平洋はこういう地域であった。冷戦後、米国がイスラムを相手に二つの戦争にかかわっている間に、東アジアが世界最大の経済圏に成長してきたことはすでに見てきたとおりである。

二〇〇〇年のリーマン・ショックによる金融危機の最中に登場したのがオバマ大統領である。オバマ政権としては、ブッシュ前政権から引き継いだ金融危機からの回復やアフガニスタン戦争の終局が見えてきかかったところに表れたのが、この東アジアであり太平洋なのだ。米国としては、どうしてもこれをニュー・フロンティアとして取り込まなければならない。

これが、米国大陸の東海岸に始まり、西へ西へと開拓を進めてきた米国にとっての当然の歴史的帰結なのである。

米国から見てアジア太平洋はどう映るか

米国は、米国自体が大陸国家兼海洋国家ということもあるが、現在、南米やアフリカに特に親しい国があるわけではない。欧州は、英国を別にすれば、ＥＵになってからは米国とは少し疎遠になったように思う。ただし、ＮＡＴＯ（北大西洋条約機構）は現在でも米国を中心として結束の固い同盟である。中東は、中東自体がアラブの春から始まった大きな変動期にある。米国は、例えばサウジアラビアとは親しいが、いまこの地域で積極的に動く立場にない。

やや消去法になったが、いま米国にとり特に関心を寄せなければならないのは、西海岸の目前にある太平洋であり、その先にあるアジアなのである。米国が近年ＴＰＰ（環太平洋経済連携協定）に強い関心を示しているのは、その象徴的な表れといえよう。

これは日本にとっても非常に重要なことであることを強調しておこう。

西海岸から見ると、広大なリング状の環太平洋の対岸、やや右寄りに日本がある。この列島が現在の米国にとってはアジアの要石である。その後方が、いまや大国となった中国であるが、この国との関係については後述する。中国の右にあるのがロシアである。

ロシアは、その現経済力の国際的評価は資源豊かな新興国並というところだが、当のロシア自体は、冷戦時代の一雄のステイタスを維持したいようである。国土の巨大なこの国の中心はヨーロッパにあり、シベリアはいわば資源の貯蔵庫にすぎないが、そのロシアが、近年は日本海、太平洋に強い関心を持っている。

彼らもアジア太平洋時代の到来を知っているのだ。ただしそのロシアも、近年は人口増加が頭打ちとなり、シベリアの人口が目立って減り始めたという弱点を持っている。

そこで、話を米国に戻しもう一度西海岸に立つと、リングというにはやはり左手をきちんと固めておかなければならない。その役割を担っているのがオーストラリアといえるであろう。その右手奥に、東南アジア諸国が展開している。

ここで、繰り返しになるが、もう一度米中関係について言及しておこう。米国はＧＤＰで世界一位、人口で三位の国。これに対しＧＤＰで中国は世界二位、人口で圧倒的に一位の国である。中国は自由、人権、民主主義につき旧西側先進国と基本的なところで価値観を共有していない。軍事面では現在米国が量的にも質的にも世界一位である。だが、この面で中国は急速な経済力増大を背景に、年々力を増しているようである。

米国といえども、もはや中国を無視することは、完全にできなくなった。

米国から見て、中国は最大の輸入相手国であり、中国から見て、米国は最大の輸出相手国である。米国が個人消費の活発な国であり、一方、中国が最終消費財の大量生産国であることがこの背景にある。

米国は巨額の対外債務を抱えているが、中国は日本と一、二を争う対外債権国である。まだ中国の人民元は部分的にしか国際市場で自由化されていないが、将来、人民元が米ドルの基軸通貨の地位を脅かすことはあるかもしれない。

米国にとっては、その中国が太平洋の向こう側の国なのである。アジア太平洋は、米国にとり単に経済的にではなく、政治・外交的にも軍事的にも非常に関心の強いニュー・フロンティアになってきたのである。ちなみに、米国の軍事力は、いま大西洋と太平洋に五〇対五〇の比率で配備されている。これから、これを四〇対六〇にシフトするという。

第5章　問われる日本の立ち位置

世界の流れはこのようになっている

日本と特に関係の深い国や地域を中心に、世界がどのように変化しつつあるかを見てきた。これを地球新時代という視点からいうと、次のようにまとめることができる。

すでに述べたように、地球新時代は東西冷戦終結後を指す。この時代の特徴は、ベルリンの壁開放がシンボリックに示すように、各国間の壁が観念的にも具体的にも非常に低くなったところにある。ヒトやモノやカネや情報の往来が、まだ国や地域による差はあるが、おしなべて自由になったのである。

すなわちグローバル化が進み、時間の経過とともにこれが深化しているのだ。

経済成長の面でいえば、先進国に対し新興国が台頭し、これを追う開発途上国が現れ、さらに低開発国がその後を追うといった具合である。そして、発展段階それぞれのグループのそれぞれの国家間で、経済力の平準化が速いテンポで進んでいる。

このことは、例えばＧＤＰの世界構成比で見て、二〇一〇年までのたった十年間に、主要先進七カ国合計のそれが六七％から五〇％まで大幅に低下したことはすでに見てきたとおりである。その低下分だけ、新興国以下の途上国が成長したことはいうまでもない。

さらに重要なことは、地球新時代に入ってから、この大きな地球上で市場の統合と単一化が一段と進んでいることだ。例えば外国為替市場は、地球上で二十四時間連動して稼働している。例えば世界を代表する大手自動車メーカーは、地球全体を市場として視野に入れながら経営しているのである。自動車は、再び成長産業になったのだ。

このようなグローバル化は一方でIT（情報技術）社会化とともに経済を越え、文化を伝《でん》播《ぱ》し融合する力を発揮している。生活や文化の交流という面から国境が希薄化するのである。

もっとも、このことをもってすぐに人類全体の一体化とまでいうつもりはない。生活や文化の交流といっても、複数の民族が相互に同化しあう状態からは、まだはるかに遠いからである。少数民族問題を抱えている国は、少なくない。

世界で、特に経済面で融合が進むなか、日本を含む欧米先進国と中国とでは、その政治・外交面のみならず広く社会制度のあり方まで含めて、価値観を異にすることはくり返し述べた。ロシアも、大国であることを誇示するかのように、中国と共に国連五大国の地位を利用して欧米民主主義国とは異なる行動をとろうとする。しかし、ロシアは、せっかく仲間入りした欧州の庭から再び飛び出す勇気までは持たないのではないか。

問題はやはり中国である。膨張する経済力で軍事力を増強しているからだ。しかし、現代において人口大国は本格的な戦争はできない。地球上で経済が一体化したために、大きな戦争を仕掛けると国民を養っていけなくなるからである。

だが、やっかいなことには、周辺国に対し小さな争いを仕掛けることはできるのだ。人民解放軍にたまったストレスを発散し、内政の行き詰まりから国民の目を外にそらすために、そういうことはありうるのである。何しろ、中国は、欧米先進国と価値観を共有していない。

日本も、油断をしていると島や領海・排他的経済水域を侵されることになる。

産業技術力が圧倒的な日本ではなくなった

世界において日本の特色といえば産業技術力の強さ、特にモノづくりの技術力の強さであろう。それは、少資源国であり、しかも軍事力を持たない平和国家日本にとり、冷戦時代には国力そのものであった。

しかし、冷戦後の地球新時代に入り、その産業技術力が、二つの面から日本の産業を象徴する得意技ではなくなったのだ。その一つは、日本の技術力が世界で断然トップといえなくなったからであり、もう一つは、技術力に強い日本がそれほど求められなくなったからである。

まず前者についてはこうである。携帯電話は、すでに述べたようにそもそも発明したのは日本であった。しかし、日本が自国の通信技術の標準にこだわっているうちに、フィンランドのノキアに世界での圧倒的シェアを取られてしまった。また、かつて日本の独壇場であった半導体メモリーの生産は、あっという間に韓国に奪われた。

それは世界に日本と同等あるいはそれ以上の生産力を有する国が存在し、どんどん育っているからである。さらに、グローバル化によってヒトや情報の移動が容易になったために、技術も簡単に国境を越えて移転するようになってしまったからだ。

後者についてはこういうことである。グローバル化時代は世界が一つに開かれた社会であるが、冷戦時代は、東西両陣営がそれぞれ対立する二つの閉ざされた社会であった。したがって、日本の技術力の水準が高いということは即西側のそれが高いということで、陣営内の仲間内では高く評価されていた。すなわち、一つの地位であった。

しかし、今日は違う。技術力水準が高いことはそれなりに評価されるが、ただそれだけのことである。新技術などは、企業内管理はもとより、特許などでよほどしっかりガードしておかないと、あっさり他国へ流れてしまう時代である。

以上は、主に製造業、モノづくり産業について見てきた。しかし、これもすでに述べたように、現在はＩＴ社会の時代、すなわちソフトウェアの技術力が求められる時代である。しかし、残念ながら、この技術力では日本は並の一国でしかない。

産業技術力が一枚看板でなくなったことをいろいろ書いた。だが、この技術力が日本にとりこれからも不可欠な特技であることに変わりはない。日本がこれからこの世界で生きていくために欠くことのできない力なのである。

日本においても製造業からサービス産業、すなわち例えば教育、医療、介護などへの雇用の移動が求められている。それはそれで非常に重要なことである。

しかし、一方でコンピューターで管理された野菜のハウス栽培など、農業の製造業化も進みつつある。世界では、人口増加を背景にこれからも製造業に支えられた新興国がどんどん登場するであろう。ＩＴ産業や金融業で世界の最先端を行く米国でも、自動車産業など伝統的な製造業の再興に力を入れようとしている。

要するに、人類にとり製造業は不滅なのである。日本は、その特技であるモノづくりの技術力で世界に大いに貢献したいものだ。日本の技術力とは匠《たくみ》の血筋を引く繊細な加工力であり、また、絶えず先駆者であり続ける強力な開発力である。そこにつくり手の気概と心がこもっているのが日本の特色である。

後進の発展途上国から求められれば、その力を惜しみなく技術移転したいものである。

東アジアにおける日本の存在感

東アジアが世界一の経済圏に成長したことはすでに述べたが、その東アジアにおいて、日本は唯一の先進国なのである。すなわち、ロシアを含むＧ８サミットメンバー国なのだ。この地位は当面はゆるがないであろう。なぜならば、地域内にライバルが存在しないからである。

例えば中国は、経済力で世界第二位の大国である。しかし、すでに何度もふれているように、中国は欧米先進国と価値観を共有していない。先進国サミットのメンバー資格を欠いている。

それでは韓国はどうか。韓国は、すでに日本と同様に米国とは同盟関係にある。しかも産業技術力や企業の資本力においては、すでに日本のライバルである。しかし、人口が五千万人に満たないことはそれとしても、国際社会における場数を踏んでいない。通貨韓国ウォンも国際性に乏しく、その国力全体についていわゆるソフトパワーに欠ける。

中国に次ぐ人口大国のインドはどうか。近現代において英国の植民地にあったこともあり、カースト制の国ではあるが、西欧文化になじんでいる。当然欧米先進国とは価値観を共有しているが、近年の世界の核不拡散の流れに抗して原発保有国となった。しかし、経済力で見ると、一人当たりＧＤＰはまだ中国の三分の一そこそこの国である。欧米先進国への仲間入りは、先のことといえる。

このように、国際社会から見て、東アジアにおける日本の先進国としての代表的地位は当分ゆるぎないものと思われる。しかし、この地域内において仲間内からどう評価を受けているか。もっと具体的に、どこまで主導権を握れるかはどうであろうか。

おそらく、当座は日中韓は同格と意識しておくべきであろう。この三カ国においては、日本が自ら力づくで前に出ようとする話ではないと考える。

要は、この三カ国がそれぞれインドやASEAN十カ国からどう評価を受けるかである。特にASEANは二〇一五年に統合して共同体になるが、かれらとは気脈を通じる関係になっておきたい。地政学的には、かれらは中国に近い関係にある。インドとは、日本は、彼らの核武装の問題はあるが、通常の友好関係はもてるであろう。

広く世界において、日本がこの東アジアを代表して話のわかる先進国であり続けることは重要なことである。中国の人民元が域内で実質的主軸通貨の立場を占める日が来るかもしれないが、それにもかかわらず日本は金融を含む経済全体について、東アジアを代表する国であり続けたい。

日本にとっての東アジア経済圏

さて、そこでこの東アジアは日本にとってどういう経済圏であるのか、改めて考えておきたい。

日本にとり、このアジアは二面性がある。すなわち、一つはまさに経済圏としての東アジアであり、もう一つは、東アジアをほぼ包含する環太平洋経済圏の存在である。本書で経済圏としての東アジアを論じる時にはインドを含めているが、環太平洋経済圏には通常インドは含まれない。インドには、インド洋というりっぱな大洋がある。

両者の大きな違いは、東アジア経済圏がすぐれて経済圏としての実体的な存在であるのに対し、環太平洋経済圏は、太平洋という地理的な裏打ちはあるが、同時にそれは政治性の高い存在であるところにある。

近年、中国は自らを世界の工場と自称しているようだが、われわれはもう十数年前からこの東アジア全体を世界の生産基地と呼んでいた。先進国日本を先頭に、韓国以下発展途上国がそれぞれの発展段階に応じて三角形をつくり、あたかも空を飛ぶ鳥の群れのようであったからだ。

これは、中核部品を製造する日本を先頭に中間加工や製品組み立て加工を担当する幅広い国ぐにへの広がりと、今日でも基本的にはその形を変えていない。これが世界の生産基地の今日的姿といえるであろう。

東アジアが実体的な経済圏であるというのは、このような様相を指しているのだ。もっとも、この十年間に部品のモジュール化（ITを基礎にした高度な標準化）が進み、精緻《せいち》な部品の組み立ても容易になったため、その三角形の姿形は大きく変わりつつある。

そして、より重要なことは、このような経済の一体化が文化の融合を促し、社会の交流を進めていることである。まさにこの十数年で、東アジアには、北米や中南米、欧州、中東やアフリカとも異なる地域社会、コミュニティが形成されつつあるのだ。

総人口は、現状で約三十三億人。まだ膨張を続けるだろう。価値観を異にする中国、やや毛色の違うインドという二つの大きな国を含むが、この東アジアは、日本にとりまさしく近所付き合いの必要なコミュニティである。今後、ヒト、モノ、カネ、情報の交流といった経済面だけではなく、文化を通じて社会の統合も格段に進んでいくと予想する。

例えば、日本人がどんどん海の向うの東アジアへ進出していくと同時に、人口の減少する日本で、海の向うからの東アジア化が進むのだ。そういう未来が予想されるが、日本はこのことを積極的に受け入れなければ、日本という国は東アジアでただ衰退していくだけになる。

もっとも、この日本列島の東アジア化が進むときに、私たちは祖国日本を失ってはならない。日本のアイデンティティはしっかり守りたいものである。

それでは、その日本のアイデンティティとは何か。本書は日本経済を中心に論じているので、このアイデンティティには直接言及してない。日本国際フォーラム叢書の一冊に、伊藤憲一監修の『日本のアイデンティティ　西洋でも東洋でもない日本』（一九九九年）があることを紹介しておきたい。

私は、日頃から、この東アジアにある海洋国家日本の古代からの歴史そのものに、日本のアイデンティティの太い柱があると考えていることにふれておこう。

日本にとっての環太平洋経済圏

さて、東アジア経済圏についていろいろ述べた。それでは、日本にとっての環太平洋経済圏とはどのような存在か。

環太平洋経済圏は、太平洋を中心に右回りで東アジア、ロシア（シベリア）、北米、中南米を経てオセアニアへと続く。オーストラリアとインドネシアが手をつなげば、リングが完成する。

このリングには、先進国もあれば新興国もあれば発展途上国もある。これらの国ぐには交易等を通じそれぞれ経済関係を有する。例えば日本にとり多数の資源輸入国もあれば、製品輸出国もある。しかし、その関係は大小さまざまなサプライ・チェーン（供給連鎖）が交錯する東アジア経済圏のような有機的関係とはいえない。

だが、この地域には、一九八九年に日本がお膳立てをし、オーストラリアのホーク首相が提唱して設立された地域フォーラム、ＡＰＥＣ（アジア太平洋経済協力会議）が存在する。現在、日本、韓国、台湾、中国、ロシア、米国、カナダ、メキシコ、チリ、オーストラリア、マレーシアほか計二十一カ国が参加している。

この地域フォーラムは、アジア太平洋地域の持続的発展に向けた地域協力の枠組み策定を標榜、域内外に向けて自由貿易圏の形成を目指している。この地域をあえて環太平洋経済圏と呼ぶならば、それはすぐれて政治性の高いものであることが理解できるであろう。

ところが、近年、このＡＰＥＣを足場にしてＴＰＰ（環太平洋経済連携協定）が登場するに及んで、事態は非常に生なましい問題になってきた。国内事情がさまざまな多数の参加国間で、どこまで貿易自由化の実現が可能か、調整しなければならないからである。

混迷するわが国の政治を前提に、数カ月後までを見通して現在時点でこの問題を論じることは不可能である。二十一世紀の日本にとり非常に重要な課題であるが、エピローグ執筆の時点でできるかぎり言及することにしたい。

「積極的平和主義」を二十一世紀のドクトリンに

ここまで、世界における日本のあり方を、どちらかといえば経済を中心にして論じてきた。ここで、二〇〇九年十月二十三日に、私が所属する財団法人（現公益財団法人）日本国際フォーラムが発表した第三十二政策提言の趣旨を抜粋して紹介させていただく。題して、「積極的平和主義と日米同盟のあり方」という。

これをこの第一部の総括として取り上げるのは、本書の主題「日本の進路」に関し、国際社会分野において私が主張したいと考えていることとそのものであるからである。

この政策提言は、日本国際フォーラム理事長の伊藤憲一政策委員長が中心となってまとめたものである。私も含め政策委員八十七名が署名しているが、当日の多数の日刊全国紙に意見広告として掲載された。すでにその時点でお読みいただいた読者も少なくないと思うが、ここで改めて紹介させていただく。地球新時代における日本の未来を考える一つの叩き台にしていただきたい。ちなみにドクトリンとは、政治信条を指す。

積極的平和主義と日米同盟のあり方（抜粋）

世界に占める日本の立場は、この半世紀余りの間に「被占領国」日本から「経済大国」日本に大きく様変わりしました。世界も「冷戦時代」から「ポスト冷戦時代」を経て、

「ポスト・ポスト冷戦時代」へと大きく変遷しました。この間の日本は、日米同盟に守られる軽武装・経済発展の路線（しばしば「吉田ドクトリン」と呼ばれました）を選択し、自衛隊をイラクやインド洋に派遣したのも、それは米国の要請があったからであり、それが他の対応よりも「コストがより安く、リスクがより低かった」からでした。

このような日本の受け身の対応は、国際社会においてもはや通用しなくなっています。私たちは先入観なしに、新しい日本の選択肢を考えなければならない段階に到達しています。問題はむしろ、私たちは「吉田ドクトリン」に取って代わる新しい「ドクトリン」を用意することができているか、ということでしょう。（中略）

ソ連崩壊後、東側「共産主義国」は解体され、西側「民主主義国」の政治・経済システムが世界的に拡大しました（いわゆるビッグ・バン現象）。それは、経済的にはコメコン体制（社会主義計画経済体制）と対抗してきたブレトンウッズ体制（自由主義市場経済体制）でしたが、政治的にはワルシャワ条約機構（WTO）や中ソ同盟と対峙してきた北大西洋条約機構（NATO）や日米同盟でした。それは外見的には対外同盟の形を採っていましたが、本質的にそれ以上に重要であったのは、それが内部的に戦争を放棄しあった「不戦共同体」を形成していたことでした。（中略）

日本人はその事実の重みに必ずしも十分に気づいていませんが、この天与の事実を原点に据え、この「不戦共同体」体制の強化と拡大に努めることこそが、日本の根本的な国益に適っています。そのことを認識して、日本は初めて「吉田ドクトリン」に代わる新しい「ドクトリン」を持つことができます。（中略）

二十一世紀の世界は、日本に対し、「侵略者や加害者にならない」のは当然のことながら、それを超えて、世界や地域の平和と安定のために「どのような積極的な役割を果たすのか」を訪ね、「世界市民の一員としての責任を果たすよう」求めています。日本の平和主義は、これまでの「消極的平和主義」「受動的平和主義」から新しい「積極的平和主義」「能動的平和主義」へとレベルアップしなければなりません。世界はそれを日本に求めています。日本もそれなしに明日への道を切り拓くことはできません。（中略）

自国を世界的な「不戦共同体」の一員として捉えるならば、日本の安全保障は、その国土防衛だけを論じて終わるものではなく、むしろ地域的安全保障、世界的安全保障との深いかかわりのなかで担保されることに気づかざるを得ません。

提言は、この後九項目の具体的な提言へと続くが、ここでは参考までにその八番め、『「国際平和協力一般法」を制定し、グローバルな「集団安全保障」に貢献せよ』を披露する。

お互いに「不戦」を誓い合った国家間において、それに違反した侵略国には、他のすべての諸国家が共同して制裁を加えるというのが、「集団安全保障」の法理である。国際連合は「集団安全保障」体制を目指しているが、現実には不備な面が多々あり、ＮＡＴＯや日米同盟が「不戦共同体」として、それを補完する位置づけにある。ＮＡＴＯや日米同盟が、加盟国の国土防衛だけでなく、地域あるいは世界の平和と安定にも貢献すべき「公共財」であると宣言されるようになったのは、このような事情による。日本は「積極的平和主義」の立場からグローバルな「集団安全保障」に貢献しなければならない。しかし、日本のこれまでの貢献度はきわめて低い。その都度の「授権法」で対応してきたためであるが、今後は、国際平和協力一般に関する「一般法」を制定して、対応することが急務である。

ここまで各論に入ると、読者にもいろいろ考えがおありと思う。私自身も、本書で論じてきているところと矛盾するところもある。しかし、本質的なところで提言の大筋に賛同しているので、署名に加わった。いずれにせよ、この項目で実質的に取り上げられているのは、非常に広義の集団的自衛権であると思うが、この問題については、早い機会に国民的討議を経て、日本としてのしっかりした考え方をまとめておかなければならないと考えている。

第二部　ポスト工業社会時代の日本経済

層の厚い中間層型社会を再現できるか

第6章　ポスト工業社会の誕生

それは半世紀前にダニエル・ベルが指摘した

ダニエル・ベルの名著に『脱工業社会の到来』（ダイヤモンド社・一九七五年）がある。内田忠夫ほか六名の著名な学者により日本語に訳されたものだが、「脱」工業社会という訳語は読者に誤解を与えるので、私は以前から原語に従って素直にポスト工業社会と表現することにしている。脱という日本字は、例えば脱原子力発電という表現などに用いられるが、ここでいうポスト工業社会は、そういう意味での脱工業社会ではない。

私は、現代の日本経済を論じるのに、このポスト工業社会という概念が好きである。本書では、キー・ワードのひとつとして用いさせていただく。

ベルは、この著書の日本語版への序文で、「本書は脱工業社会の思考を要約し、包括的な形で表現し直すための一つの努力である。私がこのテーマについてはじめて考えたのは一九六二年のことで、このとき私ははじめてこの用語を用い、日本での二つのシンポジウムを含め多くの機会にこのテーマについて著述を行った」と書いている。

そして、はじめにで、次のようにいう。「本書の中で展開される命題は、今後三〇年から五〇年の間に、私が『脱工業社会』と呼ぶところのものの出現が見られるであろうということである。私が強調したいのは、これが第一義的に社会構造における一つの変化であるということであり、またその結果は各社会がもつ相異なる政治的・文化的構成に応じて社会ごとに違ったものになるだろうということである。しかも、社会形態としては、それはアメリカ、日本、ソ連、西ヨーロッパ社会構造においては二十一世紀の主要な特徴となるであろう。脱工業社会の概念は抽象のレベルにあるのである」

ここで注目していただきたいのは、ベル自身がこのポスト工業社会というテーマを考えついたのが、現在からちょうど半世紀前になるが、一九六二年であったと述べていることである。そして、そのころ、彼は三十年後から五十年後の間に、ポスト工業社会と呼ぶところのものが見られるであろうと言っている。そのとおりになっている。

ベルも、当然コーリン・クラークの産業分類を下敷きにしてはいるが、読者もすでにお気づきのように、製造業など第二次産業の次にはサービス産業などの第三次産業が発展するという単純なことを言おうとしているのではない。

私が、ポスト工業社会に非常に関心を覚えている理由の一つは、ベルが工業社会時代の中心的技術がエネルギーであるのに対し、ポスト工業社会時代のそれは情報であるとしている点である。

もう一度一九六二年にこだわるが、そこから三十年後から五十年後の間にと言っている。

その期間は、ちょうど本書でいう地球新時代に重なるのである。ポスト工業社会は、その間に戦争があったという話ではなく、おおよそそのころという意味である。私は、この地球新時代という時代の大きな特色を、いわゆるグローバル化とIT（情報技術）化にあるとした。

ベルは、六二年に、やがて訪れるポスト工業社会の中心技術は情報であると喝破していたのである。

人類社会の中でいわゆる先進国は、十九世紀から二十世紀にかけて、工業化時代を謳歌した。それは、蒸気機関の発明を契機とするエネルギーの時代で、二十世紀には自動車と航空機が文明のシンボルとなった。そして、二十一世紀のポスト工業社会時代には、エネルギーに代わって情報が技術のシンボルになるというのである。

コンピューター時代はこうして始まった

今日でいうところのIT、情報技術の基礎にはコンピューターがあるので、このことに簡単にふれておきたい。

コンピューター、電子計算器は一九四六年、すなわち第二次世界大戦終結直後に米国で発明された。

文字どおり、電子を活用した計算器で、その計算の速度の速さ、記憶容量の大きさにおいて、革命的な機械の登場であったといえる。これが科学の進歩に大きく貢献したことはもとより、戦後のビジネス社会の姿を一新した。

私の体験でいえば、これが日本で銀行業務の第一線に登場したのは、六〇年代の前半、すなわち昭和三十年代の後半であった。奇しくもベルがポスト工業社会を考え始めた時期と一致する。銀行は、その直前まで卓上計算器の短い時代はあったが、そのさらに前はそろばんの時代であった。

七〇年秋、私は、財団法人日本生産性本部渡米経営科学専門研修団に参加して、ピッツバーグにあるカーネギー・メロン大学で研修を受ける機会があった。古い話で笑われるかもしれないが、その時、宿舎のホテルにあるコンピューターの端末が、大学本部にあるコンピュータとオンラインでつながっているのには驚いたものである。経営計画のシミュレーションが、ホテルにいながらにしてできるのである。

その前後から、日本でも、大手銀行は全行業務を一つのシステムに包括した自前のオンライン・システムを組み上げた。しかも、比較的短期間に、各行とも二次、三次とバージョン・アップ（システムの高性能化）を繰り返していった。それは、個別顧客情報をどこまで蓄積しているかという各行間の競争でもあったのだ。

銀行を例に紹介したが、この時代のコンピューター機能の高度利用の進化は、他業種においても同じであった。たとえば、製鉄所にオンライン・システムは、製品の原価計算から品質管理まで組み込まれた。大手小売業では、数百ある販売店の数千品目の在庫管理が、瞬時に把握できるシステムになっている。欠品を出さない仕組みである。宅配便会社が預かったゴルフバッグは、今それがどこにどういう状態であるかはコンピューターがしっかり把握している。顧客から予定変更の通知が入れば、いつでも対応できるのだ。

七〇年代から八〇年代にかけ、コンピューター・ユーザーのこのようなニーズ（需要）に応じ、システムの基礎になるコンピューターの機能向上と本体の巨大化はどんどん進んだ。同時に、その部品である半導体の機能が著しく向上したのも、この時代である。

ここでいう半導体機能とは、その演算機能と記憶機能である。これらとは別系列になるが、本格的なＩＴ社会を論じるときには、センサー機能が非常に重要であることに、ここで言及しておきたい。

なお、話題は変わるが、この八〇年代に、英国のサッチャー首相と米国のレーガン大統領により両国の自由化が一段と進められたが、この流れを背景に、わが国でも遅れている規制緩和が強く加速された。その象徴的存在が日本電信電話会社と日本国有鉄道の民営化である。

このタイミングで通信分野の規制緩和がおこなわれたことにより、日本がその後の地球新時代の流れに乗り遅れずにすんだことを、特に喚起しておきたい。ＮＴＴドコモのｉモードが世界のＩＴ化に寄与したことは前述のとおりである。

ポスト工業社会はどういう経済社会か

前節では、ＩＴ、情報技術について、その前史ともいうべき、わが国における八〇年代までのコンピューターと産業としての通信につき、軽くデッサンしたつもりである。

ここで、もう一つお断りしておきたいのは、ＩＴ化とＩＴ社会化についてである。お気づきのとおり、前者は産業技術の話であり、後者は社会現象の話である。前者があって後者が可能になる。本書では、その両方の表現をしばしば用いるが、著者としては、そのつど断りなく使いわけているつもりである。よろしくご理解いただきたい。

そこで本論に入りたい。

本書では、ベルリンの壁開放以降を地球新時代と呼んでいる。したがって、九〇年代以降がそれである。この時代になり、世界全体で経済面の質的変化があったとしている。それは、グローバル化とＩＴ社会化である。

ベルは、工業社会からポスト工業社会への移行について、その本質的相違は指摘しているが、その境界については論じていない。しかし、IT社会化が進展しているということは、情報技術が重要な地位を占めていることを示すので、本書では、地球新時代はポスト工業社会時代に一歩入っているということで話を進めたい。

一つの国が、工業社会かポスト工業社会かという区別が歴然とあるわけではなく、前者から後者へ重層的に変化していくのである。ベルの表現を借りれば、「脱工業社会は工業社会から繰り出してくる諸傾向の継続であり、その発展の多くは久しい以前から予見されていた」というのである。

本書のストーリーの中で、ここで現在考えているのは、地球新時代に、地球上の先進国集団が、ポスト工業社会時代に一歩入っているということである。どの程度入っているかは、国によってまちまちである。

その概念を明確にするために、ベルが著書の中で用いている「社会変化の一般的図式」からその一部をここに紹介しよう。

ベルのいう前工業社会は、地域はアジア、アフリカ、ラテン・アメリカであり、その経済部門は、第一次＝採取業で農業、鉱業、漁業、林業である。

工業社会は、地域は西ヨーロッパ、ソ連、日本であり、経済部門は、第二次＝製造業で工業、加工業である。

脱工業社会は、地域はアメリカであり、経済部門は、第三次＝輸送、レクリエーション、第四次＝貿易、金融、保険、不動産、第五次＝保健、教育、研究、統治である。

さらに、職業スロープは次のとおりである。

すなわち、前工業社会は農夫、工夫、漁師、未熟練労働者、工業社会は半熟練労働者、技術者、脱工業社会は専門職・技術職、科学者である。

本書で日本の進路を考えるに当たりポスト工業にこだわっているのは、この職業スロープが念頭にあるからである。ベルのポスト工業社会論の大きな特色は、ここにあるのだ。ポスト工業社会にあっては、職業は専門職、技術職、ひいては科学者の時代なのだ。

IT化で世界経済はどう変わりつつあるか

ここで、IT化についてもう少し観察をしておきたい。

そもそも情報とは何かを定義することは非常に難しい。一般には、情報は判断をしたり行動をしたりするための知識とされる。経済の世界では、昔から、情報は価値がある、すなわち付加価値があるとされていた。たとえば、人より早くある情報を手に入れれば、それを利益につなげることができるのである。

しかし、IT化、すなわち情報技術化といわれるときの情報は、そんな簡単なものではない。その情報自体が、社会の中で大きな価値を有している、経済活動の中で独立して商品化している状態をいう。

九〇年代の末に、携帯電話をインターネットに接続したｉモードが登場したことはすでに何度も述べた。近年は、これが進化して、スマートフォン（高機能携帯電話）やタブレット（多機能携帯端末）が大普及する時代になった。ごく最近、タブレット型のＰＣまで登場した。戦前は音声の放送のみであったラジオにも、現在は、何チャンネルものテレビが加わり、音声とカラー映像を送っている。

これらが可能になったのは、それらの通信網やラジオ、テレビなどの送受信機器、さらに携帯電話などの端末機器が、短い期間に長足に進歩したからである。その技術の基礎にあたるのが、コンピューターの技術である。第二次大戦終結直後に誕生した、あのコンピューターが、こちらも半世紀の間に長足に進歩したことは、すでに見てきたとおりである。

このコンピューターの技術は、いわゆるエレクトロニクス、電子工学の一環に含まれる。本書では、このような状況を総称してＩＴ化と呼んでいる。

前工業社会、工業社会の時代に、情報が全くなかったわけではない。新聞やラジオや電話はその時代から存在した。しかし、これらの時代は、経済の主役はあくまでもモノであった。野菜や衣類や机が経済の主役であったのである。

しかし、ここ四半世紀で世の中は大きく変わった。情報が経済の主役として大量に登場するようになってきたからである。その背景には、すでに述べたＩＴ化があったのである。

もとより、ＩＴを介さない古典的な情報は、これも衣類や机と同じように昔からいろいろ存在した。例えば弁護士や医者の業務がそれである。しかし、工業社会以前の時代にあっては、それらに対しては対価が支払われることはあっても、それが市場における商品という認識はなかった。

しかし、ＩＴ化により情報が商品として市場に大量に提供されるようになると、専門職や科学者の業務も、商品として受け入れられるようになったのである。すなわち、ポスト工業社会においては、モノという商品と同時に情報という商品が市場に大量に存在するようになった。

しかし、ここでひとつ注意しておかなければならない。それは、情報そのものであれ、それに関係するモノであれ、ＩＴ関連の商品は寿命が非常に短いことである。したがって、ポスト工業社会は、経済の変化が非常に速い。この速さは、人間の性格そのものを変化させる力さえ持っているのではないだろうか。

地球新時代の世界経済

いま、われわれが世界経済、特に景気動向などを考察するときには、まず大きく先進国とその他の国ぐにとを分けて考える。

その先進国とは、米国、日本、EUである。このほかにも、先進国としてはカナダ、オーストラリア、スイスなどいろいろある。EUは、その中は種々雑多である。

その他のなかで先進国に続くのは、韓国、台湾のほか、いわゆるBRICS、すなわちブラジル、ロシア、インド、中国などである。これらの国・地域は、前工業会社から工業社会へ大きく近づいている。ちなみに、ベルは半世紀前にアジア、アフリカ、ラテン・アメリカを前工業社会としていた。そのベルも、わずか半世紀で、中国がここまで経済成長するとは思いも寄らなかったのではないか。

さて、十数年前までは、世界経済はといえば、ここであげた先進国、米国、日本、EUを論じれば、ひとまずじゅうぶんであった。しかし、地球新時代の今日、すでに見たように、これらの先進国だけでは、GDPで見て世界全体の五〇%を割りつつある。新興国が台頭してきたからである。

ここでは、工業社会、前工業社会と歴然と仕分けるべきではないが、当然先頭を走る先進国には、ポスト工業社会の要素が強く、次いで工業社会、前工業社会と続く。東アジアでいえば、日本はすでにポスト工業社会の要素がかなり強く、台湾、韓国、中国はもうほとんど工業社会といえる。

そこで、いろいろの注釈を省略して簡単に結論だけをいうと、例えば日本の工業製品の国際競争が非常に厳しいのである。それは、これまで先進国社会のなかだけでおこなわれていた競争が、短い期間に新興国を交えた巨大な市場に拡大したからである。しかし、肝心な生産要素に一つである労働力のコストが、先進国と新興国とでは格段に違うのだ。

それは、日本がポスト工業社会への移行が遅れているからであるという。工業の生産性をもっと思いきって高め、余剰労働力を保健（医療）、研究分野で吸収すべきだという。だが、そう簡単な話ではない。やや誇張していえば、一国で前者、余剰側は数千万人の話であり、後者、吸収側は数十万人か、せいぜい数百万人の話なのである。簡単には辻褄の合わない話なのだ。

もちろん日本についていえば、もっと規則緩和を急ぎ、高度なサービス分野や教育・研究分野の拡大に努めるべきである。しかし、それにしても、工業社会からポスト工業社会へ移行すると、ベルのいう第五次経済部門（保健、教育、研究、統治）は、経済成長の天井が低くなるのではないか。

先進国の経済成長はこうして鈍化する

ここは大いに議論のあるところだが、私は次のように考えている。ベルのいうポスト工業社会は、第三次（輸送、レクリエーション）、第四次（貿易、金融、保険、不動産）の二つの経済部門を含む。しかし、この二つは、経済部門としてはすでに歴史があるので、ここでは工業社会に含めて考える。ただし金融については、後で説明を加えたい。一方、ポスト工業社会には、第六次経済部門として情報を追加する。

そこで現在の世界人口七十億人を、左から、前工業社会、工業社会、ポスト工業社会の三つのグループに分けて横に並べる。そうすると、左と中がモノの経済（採取業から製造業へ）のグループとなり、右が知識や情報の経済のグループとなる。人類の歴史は、左から右へと流れる。

ここで、尺度は生産額（付加価値）と生産性（一人当たりの生産額）とする。各グループの人数はひとまず変動ないとし、その他のあらゆる条件は公平に与えられているとしよう。

さて、そこで第一年めと、例えば十年めとで、一番生産額の伸びが大きくなったグループ、すなわち生産性の高まったグループは、どのグループであろうか。

ここは、いろいろの判断があるところだが、私は次にように考える。

もともとの生産性の高さは、ポスト工業社会、工業社会、前工業社会の順であった。しかし、十年間での生産性の伸びは、工業社会、ポスト工業社会、前工業社会の順ではないであろうか。

すなわち、生産性の伸び率では、知識・情報中心の経済、ポスト工業社会よりは、モノづくり中心の経済、工業社会の方が上であると判断する。しかし、農業・鉱業中心の経済、前工業社会よりは、さすがにポスト工業社会の方が上であろう。

一国の経済成長としては、これに人口移動も付加して考えなければならない。国が発展途上の段階に入ると、一般に前工業社会分野から工業社会分野に向けて、大きな人口移動が起きる。これは、生産性の低い分野から生産性の高い分野への大量の人口移動であるから、二重の理由で経済成長が加速されることになる。

かつて、高度成長時代の日本がそうであった。そして、現在、アジアを中心にした発展途上国がそういう状態にある。

ここでは、次の二点を確認しておきたい。

第一に、先進国は、現在完成された工業社会として、このグローバル化の進む世界で、労働コストの大きく異なる新興国から厳しい国際競争を迫られている。

そして第二に、経済の質を進歩させ、ポスト工業社会化をすればするほど、それはそれで、経済成長（ここでは生産性の伸び）が従前どおりにはいかなくなるのである。

米国、日本、EUのこれからの経済

先進国の経済成長がなぜ鈍化するかを、一般論として見てきた。そこで、改めて米国、日本、EUについて、今後十年間、その経済成長がどうなるかを概観しておきたい。ちなみにその人口は、米国で三億一千万人、EUで五億人、日本は一億三千万人である。

この三カ国・地域全体について、基本的には前節に述べた成長抑制要因が働くと思うが、個別について、以下でふれることにする。

そこで、まず米国である。この国は、その国力を基礎に、世界の最先端をいく先進国である。すでに半世紀前にベルが代表的なポスト工業社会として論じている。現在（二〇一〇年、以下同じ）、一人当たりGDPは四万七千ドルで、大国としては世界最高である。

二〇〇八年、自国のいわゆるリーマン・ショックで経済は大きくつまずいた。しかし、この問題は、足元でようやく住宅価格も旧に復し、経済は正常化の方向へ進んでいるという。だが、一方でこの国にもEUの金融危機問題が強く影響し、景気回復の足取りは重い。

この金融危機は、次に述べるが、そんなに簡単に片づく問題ではない。もうひとつ、米国の景気回復力が弱いのは、私は、先にふれたポスト工業社会の成長力鈍化が大きく影響していると考える。これらを総合すると、ここで展望している十年間の範囲では、米国の景気回復はあまり大きくは期待できないように読める。

しかし、自由主義の強いこの国は、経済の分野でも多様である。前工業社会、工業社会、ポスト工業社会が同居しているような国なのだ。絶えずニュー・フロンティアを求めているのである。現在、それがシェールガスであり、アジア太平洋であることは第4章で述べた。

このうちシェールガスは、分類でいえば前工業社会に属するが、この産業としてのシェールガスが、目先の米国経済を思いのほか活気づかせるかもしれないのだ。現に、多くの関係者がこの産業に燃えているという。

次に、EUに移る。EUの中には、米国よりも一人当たりGDPが大きい国はあるが、いずれも人口小国で、数千万人単位の主要先進国のそれは、例えば英国が三万六千ドル、ドイツとフランスが四万ドルと、日本の四万三千ドルよりも低い。

そのEUの金融危機についてもすでに第4章でふれたが、リーマン・ショックの影響はすでに消えたとして、ギリシャなど南欧に端を発したEU固有の問題は、その組織の本質にかかわる問題であるので、そう簡単には解決しない。それこそ十年かかる話にもなる。

EUも、日本と同様に、工業社会分野では東アジアなどの新興国と競合し、ポスト工業社会分野では成長率の低下で、悩んでいるのではないだろうか。さらに、この地域は、これから中東、アフリカが経済成長に向かう際の地政学的影響も考えられるが、これは現時点では読みきれない。

ＥＵ自体は、その中に旧東欧などの前工業社会も含み雑多だが、全体としては、先進国としての低成長が続くと見ておく。

特に米国とＥＵだが、日本も含め、産業としての金融がどうなるかという問題がある。金融の経済は、モノの経済が少しでも動けば、これを加速する力をもっている。特に民族としてはアングロ・サクソンやユダヤがその特権を有している。

しかし、そもそもリーマン・ショックが金融の破綻に端を発した混乱であるところへ、ＥＵの金融危機が追いかけるように重なった。そこで、いま米国に先導されながら、国際金融全体に、一九二九年体制（三十三年に制定された銀行と証券を分離するグラス・スティーガル法など）に戻るかのような規制の網がかけられつつある。

彼ら自身がこうした動きにいつまで耐えられるかということはあるが、いずれにせよ、金融経済も当面は静かな状態が続くことになる。

いよいよ日本のポスト工業社会化が進む

そこで、話題を日本に戻す。

日本は、すでに見てきたように、先進国のなかでは米国に次ぐ経済大国なのである。日頃の報道に接していると、日本はよほど貧困な国になったかと錯覚を起こすが、そうではないのだ。

国の財政赤字こそ驚くほどの巨額であるが、これも、第9章でくわしく述べるが、国民が欧州の主要先進国に近い消費税を負担すれば解決できる問題である。いま見たように、彼らより日本の方が一人当りGDPは大きいのだ。

それにもかかわらず、近年、社会が何となく陰惨としているのはなぜであろうか。それは、若者の立場から、日本の将来が見通せないことも原因の一つではないか。

新興国の進出もあり、先進国経済の成長率が低下することを見てきた。しかし、この問題は、日本については次のように説明することができるのである。

日本のポスト工業社会化への移行は、まだその緒についたばかりである。これから、どんどん工業社会からポスト工業社会へ移行していく。ポスト工業社会の方が、工業社会よりも一人当たり生産性が高いことは、先に説明したとおりである。すなわち、個人にとってみれば、所得水準がずっと向上するのである。

しかし、そのためには、職種が半熟練労働職や技術職から、より高度な技術職、専門職、科学職へ移行しなければならない。若者たちがどこまでそれを受け入れるかだ。

もとより日本から半熟練労働職や単純技術職が全くなくなるわけではない。しかしそれは、基本的には、雇用条件は東アジアの他の工業社会と同程度ということになる。

ある経済社会、例えば日本としては、その規模に対しポスト経済社会部分は限られる。これまでの日本は、先進工業国として、国内にその機能を抱いていた。そして、規模は限定的であるとはいえ、国外にほとんど競争相手が存在しなかった。

しかし、これからは変わる。日本がセンター機能を発揮すれば、この広大な東アジア全体のポスト工業社会機能を果たすことができる。しかし油断すれば、その機能は簡単に他の国へ持っていかれる。そのために、いかに初等教育から始まって人材の育成を強化し、いかに世界トップクラスの大学院を整えるかである。

決して日本に将来展望がないわけではない。しかし、周知のとおり、中国も韓国も子ども教育は非常に熱心である。中間層から上は、海外の大学院へ行くのが当然と考えている。

さて、次章以下で、これからのポスト工業社会時代における日本の社会と経済のあり方を考えてみたいと思う。

第7章　それでもモノづくり産業は捨てられない

日本の産業構造はこう変わる

前章の終わりで、日本のポスト工業社会への移行はまだ緒についたばかりであり、これからがその本番であるとした。しかし、ただ待っていて、自動的にそうなるわけではない。国民の自覚と実行力が問われるのである。

ここで、まず、日本の産業構造がどう変わろうとしているのか、概観しておきたい。ここには書き手である著者の願望的予測が、かなり強く反映されていると受け止めていただきたい。日本は、一億人を越す非常に水準の高い国民で構成されている国であることを念頭に置いている。

欧州には、例えばスイスやスウェーデンのように、総人口数が数百万からせいぜい一千万人の立派な先進国がいくつかある。しかし、これらの国ぐには国家体制や社会生活が人口数千万人以上の先進国とはやや異なっており、日本にとり経済政策や社会保障制度のあり方も、あまり参考にならない。

日本は、その人口数でも、世界の中では上から一桁に入る大国である。

ここで、話を進める前に、わが国の産業別就業者数を概観しておこう。次のページの表を

表　産業別就業者数（2010 年）

（単位、1000 人、%）

	産　　業	実　　数	構成比
1	卸売業、小売業	9,913	17.0
2	製造業	9,526	16.3
3	医療、福祉	6,169	10.6
4	建設業	4,580	7.8
5	宿泊業、飲食サービス業	3,488	6.0
6	サービス業（他に分類されないもの）	3,450	5.9
7	運輸業、郵便業	3,222	5.5
8	教育、学習支援業	2,656	4.6
9	農業、林業	2,280	3.9
10	生活関連サービス業、娯楽業	2,249	3.9
11	公務（他に分類されるものを除く）	1,969	3.4
12	学術研究、専門・技術サービス業	1,876	3.2
13	情報通信業	1,659	2.8
14	金融業、保険業	1,532	2.6
15	不動産業、物品賃貸業	1,161	2.0
16	複合サービス事業	396	0.7
17	電気・ガス・熱供給・水道業	294	0.5
18	漁業	177	0.3
19	鉱業、採石業、砂利採取業	26	0.0
計	全産業（ただし分類不能を含む）	58,295	100.0

資料出所　総務省統計局

見ていただきたい。これは、「平成二十二年国勢調査　抽出速報集計結果」を資料として作成した表である。

次に順次述べるが、十年前の前回（平成十二年）に対し、サービス業が細分化され、また「医療、福祉」、「教育、学習支援業」その他が追加されるなど産業分類が変更されているために、両者を直接比較できないのは残念である。しかし、この表は、そのことも含め日本産業の今日の姿を彷彿《ほうふつ》させ興味深い。

「卸売業、小売業」以下、上位五位までの産業で、その就業者数が全体の五七・七％になるが、日本経済全体を思い浮かべて納得できる数字である。ただ、これからの成長産業と考えられている「医療、福祉」がすでに第三位に入っていることは、私にとっては大きな驚きであった。読者各位はどう受け止められるであろうか。

ちなみに前回の就業者総数は六二九七万八千人であった。今回が五八〇〇万人強とやや差が大きいのは、今回が即報集計であるためであろうか。

前回の一位は、まだ統合されたままの「サービス業」で、一七二六万四千人、第二位が「卸売・小売業、飲食店」の一四三一万九千人であった。ただし、今回の「卸売業、小売業」に五位の「宿泊業、飲食サービス業」を加えても、前回よりは一〇〇万人弱少ない。

さて、そこで、前回三位の「製造業」である。前回が、一二二二万八千人であったので、今回は三〇〇万人弱減少したことになる。製造業は、もともとそれ自体の生産性向上、経済全体のサービス業化で長年構成比は低下傾向にあった。今回もその一環ともいえるが、それにしてもその減少幅は大きい。やはり、生産活動の海外移転も影響が大きかったといえよう。

なお、コーリン・クラークの産業分類による第二次産業として「製造業」に「建設業」と「電気・ガス・熱供給・水道業」を加えるとどうか。この十年間、建設業の海外進出も積極的におこなわれた。しかし、国内も、コンクリートからヒトへという時代背景もあり、国勢調査の就業者数としては、第二次産業合計で約四七〇万人減少した。

だが、一方で、今回の調査から「学術研究、専門・技術サービス業」が新たに加わり、一八七万六千人が計上されたことを特記したい。ダニエル・ベルのいうポスト工業社会に一歩踏み出した、としておこう。

ちなみに、これに「教育、学習支援業」を加えて知的産業と呼ぶならば、その合計は四五三万二千人で、建設業にほぼ並ぶことになる。しかし、これを言い出すと、「医療、福祉」もその多くが知的産業であり、製造業や建設業にも知的産業に相当する高度な設計部門があり、そもそも多くの企業がＩＴのソフトウエア部門を内包しているではないか、ということになってくる。すでに、そういう時代に入っているのである。

実は、クラークのいう第一次産業、鉱業や農水産でもＩＴが使われるようになっている。例えば、農産物の生育をコンピューターで管理するなどの事例であるが、これが一般化するときに、これを前工業社会と認識するかどうかという問題が生じてくる。後に述べるが、私は、この現象も高度に進めば、ポスト工業社会化ではないかとさえ考えている。

エネルギー供給業のこれからの姿

また、「電気・ガス・熱供給・水道業」については、これを第三次産業とする考え方もあるが、ここでは一応第二次産業として扱かった。このエネルギーと水の供給業も、それ単体としては就業数はわずか二九万四千人である。

しかし、この二つは、経済活動にとり、いっときも欠かせない存在である。両方とも、これを欠くことは人類の生存にかかわる大問題であるが、特に日本では、周知のとおり今後の原子力発電依存度につき、国民は大きな選択を求められている。だが、その結論がどうであれ、これからは可能な限り自然エネルギーを活用する時代を迎えた。

その代表例が太陽光発電である。しかし、この太陽光を屋根の上で発電し、電力会社の配電網を通じて最終需要家（家庭や工場）に届けるようにするまでには、多くのモノづくりの技術力やＩＴを必要とすることになる。このことが、これからの経済社会の活動にとり大きな課題になっているのだ。単に、二九万四千人の話ではないのである。

この原子力から自然エネルギーへの移行の話は、もう一つ蓄電機能、バッテリーの開発という大きな課題につながるのである。

ここでは詳細は割愛するが、例えば太陽光発電は太陽光がなければ発電できない。しかし、電気の需要の方は、天候や昼夜を選ばない。現実にはどうするか。現在大がかりな蓄電機能としては、揚水発電を利用している。夜間に下の池から上の池に水を汲み上げ、昼間の電気需要のピーク時に、この水を下の池に放出して発電しているのである。

これまでの原子力の時代には、火力発電と組み合わせて比較的に自由に発電量を調節してきた。しかし、自然エネルギーとなるとそうはいかない。そこで、すでに着手されているが、このバッテリー機能の開発が非常に重要になってくる。

このエネルギー産業との関連でいえば、モノづくり産業にとり、いかにして二酸化炭素を削減するかが大きな課題である。そこで重要になるのが効率的な電気自動車の開発である。家庭の太陽光で発電をした電気を自動車のバッテリーに蓄電するという意味で、自然エネルギーは電気自動車、ＥＶと相性がいいようだ。すでにこちらの方もメーカー間で新車の開発競争が始まっている。

さて、ここで話は変わるが、製造業、モノづくり産業にとり、今後の大きな課題の一つはロボットであると考える。

産業部門のロボット化は、すでにかなり進められてきた。工場の無人化が、いわばその代表例の一つである。これは、最後はそのことに要するカネのコスト（ロボットへの投資部分相応の償却・金利負担）と海外拠点の人件費の競争になるが、市場原理が働くなかで、国内工場の無人化はかなり進められてきた。

これからの課題は、生活部門のロボット化である。これは、少子高齢化のもとで、これがどこまで進められるかは、大きな課題である。後でもう少し詰めて考えたい。

以上、国勢調査による就業者数を通じ、今後に予想される産業構造の変化につき簡単にふれた。次に、その二、三の点につきもう少し言及しておきたい。

ポスト工業社会時代の農水産業に寄せる期待

工業社会時代とポスト工業社会時代との間に歴然とした境界があるわけではない。本書では、この後、日本の経済社会につき現在から先のことを論じるときには、これをポスト工業社会と認識して話を進めることにする。

実は、前工業社会時代の代表的産業である農水産業についても、ポスト工業社会化の兆候が表れているのである。

就業者数六〇〇〇万人の大国においては、私は、あの緑の大地や青い大海に囲まれて仕事のできる農水産業は、非常に貴重な産業であると考えている。もとよりこれらの産業も、太陽に恵まれた日ばかりではない。絶えず天候のリスクを抱え、時に命の危険も覚悟しなければならない職業であることは、じゅうぶん承知しているつもりである。

ポスト工業社会時代に入ったからといって、誰もが建物の中でパソコンを前に仕事をする時代というわけではない。もう一歩踏み込んでいえば、日本には、世界的水準のスポーツ選手も大勢いれば、世界に誇る優れた芸術家も大勢いる。このことは、国民性を豊かにする意味で、経済に秀でた大国にとり非常に重要なことであると考える。

さて、先の国勢調査で、「農業、林業」は実数では、二八万人でしかない。周知のとおり、この分野はすでに専業農家数は非常に減少し、しかも高齢化が進んでいる。しかし、そのことを考慮に入れ、家族労働者数を実質的に上積みしても、とても比率で二桁に達する話ではない。

しかし、それにもかかわらず、なぜ農業によるポスト工業社会現象を説き、この産業に期待を寄せるのか。それは、一般に日本は資源小国というが、この日本列島という天与の国土を思いきって活用したいからである。

それは水産業についても同じである。国勢調査では当然実業者だけが数えられているのだろうが、「漁業」はたった一七万七千人である。しかし、あの大震災後のテレビ画面では、自らも被災者であるあのたくましい海の男たちが、「さあ、がんばって立ち直ろう」と、反対に国民を元気づけていた。日本は、領海と排他的経済水域の合計では、世界六位の海洋大国なのである。

わが国の単位耕地面積が狭いのは人為的理由

そこで、話を農業に戻して、なぜ農業によるポスト工業社会なのか。

戦後、日本が経済大国化する過程で、農業だけは別扱いで、厚く保護された産業であった。それは、一つには、当時は主産業であったコメの生産と消費が国によりずっと後年まで管理されていたからである。その背景には、詳細は略すが、農地改革の経緯もあって、農地の所有権等の移動が厳しく禁止されていたからである。これは今日まで続いている。もう一つには、その結果もあり、工業と比べて農業の発達が著しく遅れ、その生産者の生活を国としても保護せざるをえなかった。このことは、一面、本来青々と輝いているべき田畑が、政治家にとっては、自分たちの票田にしか見えなくなってしまったのである。

戦後ずっと、共同社会としての農村は、その生産から作物の流通過程まで、実質的に政府が指導する農業協同組合によって押さえられていた。この実態は、あたかもそこに社会主義国家日本が存在していたのである。その結果、日本の農業は、著しく発展の遅れたものになってしまった。その姿は、あの東西冷戦時代の東側世界における工業社会のようなものである。

しかし、大半の当事者はもとより、一部論者や政治家も、今日なおこの農業の自由化に強く反対してる。その理由は、わが国の田畑は山間地が多く、耕地の単位面積が狭隘《きょうあい》であり、したがって本質的に国際競争力の面で生産性に劣るというのだ。

しかし、この論理は根本から間違っている。単位当たりの耕作面積が狭いのは、そもそも戦後の農地改革の結果を今日までそのまま引きずってきたからであり、人為的理由であって自然の地形の問題ではない。国際競争力の説明にはならないのである。

　空からの種まきや施肥ができる広大な農地があるのは、米国、カナダ、オーストラリア、ニュージーランドの四大農業国に限られるのではないか。これらの国ぐには、近世になってからヨーロッパ民族が入植し、先住民族を追い払って自分たちの新天地を築いたのである。

和辻哲郎のいう「モンスーン、沙漠、牧場」

　多くの先進国は欧州に集中しているが、これらの国が四大農業国のように広大な農地を有しているわけではない。あの和辻哲郎の名著『風土』では、欧亜大陸がモンスーン、沙漠、牧場の三つの類型に見事に描き分けられているが、欧州はその牧場なのである。

　和辻の次のような表現は、五十年も前、まだ欧州を知らない私に衝撃的な印象を与えてくれたものだ。

「最も自分を驚かせたのは、古《いにしえ》のマグナ・グレキアに続く山々の中腹、灰白の岩の点々と突き出しているあたりに、平地と同じように緑の草の生い育っていることであった。羊は岩山の上でも岩間の牧草を食うことができる。このような感じは自分には全然新しいものであった」

続いて和辻は、同行している京都帝国大学農学部の大槻教授から、「ヨーロッパには雑草がない」と教えられ、驚愕している。「それは自分にはほとんど啓示に近いものであった。自分はそこからヨーロッパ的風土の特性をつかみ始めたのである」

この和辻をして牧場と表現させた欧州には、田園もあれば文字どおり牧場もあれば、ゆるやかなうねりはあるが、比較的大きな農地もある。しかし、その風景は、米国やオーストラリアの農場とは異なるものである。

『風土』に描かれたモンスーンは、日本に始まりインドに至る。「モンスーンは季節風である。が、特に夏の季節風であり、熱帯の大洋から陸に吹く風である。だからモンスーン域の風土は暑熱と湿気との結合をその特性とする。我々はこれを湿度計に現わすことのできぬ人間の存在の仕方として把捉しようとするのである」

因みに、日本で雑草が多いのは、この夏の暑熱と湿気によるものである。

これが、本書でいう中国を含む東アジアである。日本を含む多くの国が、中国の大陸奥部の荒地や砂漠もあるが、全体として山が多く、田畑は山間地にある。その形状や大きさはさまざまである。日本の耕地の単位面積が狭隘であるというならば、それは日本だけのことではないのである。

世界は広い。さらに中東もあれば、アフリカもあれば、中南米もある。そこに存在する多くの国ぐにが、それぞれの国土と風土を有しているのである。

日本だけが、その地形が農業には向かないと、どこへ向かっていえるのであろうか。はっきりしていることは、人類七十億人が、この世紀半ばには九十億人になろうかというその人類が、それぞれ与えられた国土を基礎とし、必要があれば交易を深め、この地球上で平和に生きていかなければならないということである。

日本は、この天から与えられた日本列島と四つの季節に代表される風土とを大事にしながら、畑を一生懸命に耕やし、精一杯作物を育てなければならないのだ。それは、この日本列島で生活する国民のためにであり、同時に世界の人類のためにである。

この国土で自給率四〇％を割っている日本のことを知っているのか、と思わないでいただきたい。あの敗戦直後の飢餓をくぐり抜けてきた世代としては、百も承知のことである。自給率四〇％は、現代という時代における日本の経済力と文化に支えられて実現されている、一つのぜいたくであると思っている。

ここで強調したいと考えているのは、もっと基本的なことで、この地球上に七十億人の人類が生活しているということである。私たちは、この日本列島を無駄に扱ってはならない。四〇％の自給率といいながら、一方で広大な休耕田があることは絶対に許されないのだ。

農業についても、一日も早く規制を撤廃して、市場原理が働く産業に仕立て上げなければならない。

農業という産業のポスト工業社会化

前置きが長くなったが、ここで論じようとしているのは、農業という産業のポスト工業社会化である。しかし、その内容はごく短い。なぜならば、規制に縛られていた農業のポスト工業社会化は、まだ始まったばかりであるからだ。

そこで、まず二〇一〇年秋に打ち上げられたGPS衛星「みちびき」の話から始めたい。GPS（全地球測位システム）はすでにカーナビゲーションでよく知られているが、「みちびき」は日本列島とオーストラリアの上空を8の字を描くように周回する準天頂衛星で、この衛星により地上での誤差は数センチメートルと極めて小さくなる。この機能を活用して、やがて広大な田畑で無人農機を自動運転する時代が訪れるというのだ。すでに、その実験が始まっている。

カーナビ等でGPS機能により自己の位置を求めるには、異なる方向にある四機以上の衛星からの信号を受信する必要がある。ところが山間地やビル街ではそれでも電波が受信しにくく測位精度が劣化するため、これを補完する目的で「みちびき」が導入された。

この衛星は、長時間、日本の天頂方向に滞在する8の字の特殊な軌道が用いられている。

しかし、準天頂衛星を常時使用できるようにするには三機以上の衛星が必要である。残念ながら予算がないために、二号機以降の製作は未定である。農作業も、当分の間は天候と「みちびき」の位置を見定めながら進めなければならない。

しかし、農業大国が巨大な農地を大型耕運機で耕し、小型機で空から種まきをしているというなら、日本は限られた農地を無人農機で耕し、ロボットに種まきをさせよう。多少のコスト差は、バイオ・テクノロジーを駆使した品質で勝負をすればよい。

まだ一部ではあるが、周知のとおりコメをはじめ野菜、果実など、工業分野と同様にこの分野でも高品質の農作物が海外に輸出されているのだ。その品質の高さは、これも工業分野と同様、世界で一番厳しい日本の市場で磨かれているのである。さらに、これもよく知られているとおり、近年は、例えば大都会では高級なサラダ菜がコンピューター管理のもと屋内で生産されるようになった。

これらはすべて、農業のポスト工業社会化の先がけであると理解する。

漁業のポスト工業社会化とは

ここで漁業について一言ふれておこう。

日本は海洋国家である。日本列島では、四季を通じ非常においしい海産物が捕れる。私たち日本人は、その食文化で、魚を中心とする海産物になじんできた。そこで漁業の分野のポスト工業社会化といえば、その捕獲技術と養殖技術の向上ということになる。

ところが、近年はグローバル化の影響で、和食、なかでもスシが世界中に広まった。そのため、見聞するところでは高級なスシダネなどは生態系保護が必要で、例えばクロマグロは太平洋でも大西洋でも漁獲制限がおこなわれているようだ。

かつてはスシのグローバル化といってもこれほどではなかった。しかし、近年は日本人の中間層よりも数が多い中国人の大金持ちが好んでクロマグロのトロを食べるので、たまらない。われわれにとり「クロ」マグロは本当に貴重品になってしまった。この中国人の大金持ちに買い占められるという同じ現象は、フランス産の銘柄ワインにも起きているようだ。ちなみに、欧米人はスシの方は北欧産のとろっとしたサーモンを好んで食べるようである。

こういうことで、今日注目されるのは大魚の養殖技術である。しかし、もともと大洋を非常なスピードで回遊しているマグロを養殖することは容易ではない。しかも、クロマグロは、これを産卵から一貫して養殖する技術はまだない。そこで稚魚を捕獲して育てることになるが、その稚魚にも当然制限が掛けられているという。

これが漁業のポスト工業社会化の一例である。私も各種報道を通じて知りえたものにすぎないが、そのイメージはつかんでいただけると思う。国勢調査で漁業といえば、今やたった一七万七千人にしかすぎないが、その背後には、かなりの数の研究者や実務家が控えていることが推測できる。私は、一国の経済の活性化ということでは、このような広い意味での生活現場が非常に重要であると考える。

自然エネルギーと電気自動車の時代

ここで改めて、もう一度いわゆるモノづくり産業の話題に入りたい。二十一世紀は、自然エネルギーと電気自動車の時代である。

自然エネルギーとは、ここでは例えば太陽光、風力、バイオマス（ある域内の生物体総量を指すことばだが、近年は生物エネルギー源としてこの呼称が用いられる）、水力などがある。政策的には再生可能エネルギーという表現も用いられている。

一方、電気自動車とは、動力源に電気モーターを用いた自動車である。環境に厳しい欧州では、観光バスなどでかなり前から見かけたが、わが国で乗用車などに電気自動車が登場したのは、ごく最近のことである。ハイブリッド車をＨＶと呼ぶのに対し、こちらはＥＶという。

自然エネルギーと電気自動車とでは、自然エネルギーはほとんど電気として用いられるので、この二つは相性がいいといえよう。そもそも両方とも、その存在が注目されるようになったのは地球環境問題の観点から低炭素社会を実現するためにであった。

私は、数年前から二十一世紀はガソリン自動車に代えて電気自動車の時代といっていたが、東日本大震災による原子力発電事故の関係で、今度は改めて自然エネルギーが見直されるようになった。原発に代えてどこまで自然エネルギーが代替できるかということはあるが、いずれにせよ目一杯自然エネルギーは活用しなければならない。そこで、改めて二十一世紀は自然エネルギーと電気自動車の時代であるといいたい。

ここではひとまずモノづくり産業の観点から、自然エネルギーについて考える。自然エネルギーといっても各種ある。

欧州でよく見かける風力は、わが国では風が安定しないために使い難いという。しかし、現状電力源として構成比が数%にて満たない自然エネルギーを今後十倍にもしようというのであれば、ぜいたくは言っていられない。やがて日本でも洋上で強靭《きょうじん》な風力発電柱が立ち並ぶ日が来るであろう。

海といえば、海洋国家日本として、ぜひ活用しなければならないのが潮力である。潮力発電も、各種漁業権との調整など関門はいくつかあるであろうが、その活用が日本の技術力で実現する日が遠からず来ることを信じたい。

そこで、以下、最もポピュラーな太陽光発電について若干説明を加えておきたい。

私が電機メーカーの製品として太陽光発電に関心を抱いたのは十年ほど前であろうか。しかし、その時点では、製品の信頼度などの理由からまだ時期尚早ではないかと知人からアドバイスを受けた。そして、今回この原発事故を契機とする政府の積極的推進政策である。半分は政策への協力の気持ちからであり、半分は知識欲と、大きなトラブルがなければ家計にもプラスになるからと、わが家にも太陽光発電を設置することにした。

そもそも太陽光発電とは、どのような仕組みになっているのか。拙著『2010年代・日本経済はこうなる』（PHP研究所、二〇〇九年）から引用しながら簡単に説明しておこう。

これからは太陽光発電が普及する

屋根の上の太陽光発電設備とは、屋根にていねいに並べられた太陽電池モジュールである。パネルとも呼ばれる。

太陽電池には各種あるが、その代表例の一つである多結晶シリコン型を例にして説明してみよう。ごく薄いシリコン・ウエハー（半導体）の表と裏に電極をつけると、太陽電池セルになる。セルとは電池の単位をいう。このセル状の半導体に太陽光が当たると、電池を生成し電極を通じて電流が流れる。

このセルを何枚か組み合わせて、カバー・ガラスとバック・シートとで上下から保護するように挟み込むと同時に、セル内に液体や気体が入らないように周囲を封止材で密封すると、パネル状のモジュールになる。このパネルを屋根に並べれば、これが住宅の太陽光発電システムになるのである。

このシステムで発電された電気（直流）は、家庭内のパワー・コンディショナーにより家庭で通常使われる交流に変換され、電圧も調整されたうえで分電盤に送られる。電流はここから各室の電灯やテレビ、冷蔵庫などの電化製品に送られる。

一方、発電しても家庭内で使いきれない余剰電流は、そのまま屋外の電力会社の電線を通じて電力会社に自動的に売却（売電）されるシステムになっている。もちろん不足する時には、電力会社から不足分を購入（買電）することになる。

この発電量から売電、買電の状況は、屋内にモニター・セットを付ければ常時読み取ることができる。外の太陽の状況を見ながら、今どのくらい発電し、そのうちどれだけ自家消費しどれだけ売電しているかが分かるのだ。モニター・セットがあると家族の節電意識が高まるというが、体験してみて確かにそのとおりである。

さて、この家庭での発電システムには政策支援がある。その元来の目的は、低炭素社会を実現しようというものであり、それなりの経緯もある。しかし、原発事故後は、これまでの原子力に代えて思いきって自然エネルギーを活用しなければならなくなった。

まだ政策の看板は書き替えられていないが、いみじくも3・11直後の年度替わりに、家庭からの買電価格が、ＫＷｈ（キロワット・アワー）当たり四十二円という高値に引き上げられることになっていた。使用量により異なるが、通常の家庭の電気代単価の二倍近い数字である。この政策は、原発からエネルギーへという政策の流れの一環と考えたい。

おそらく、この家庭用太陽光発電は、この価格であれば家庭でも簡単に採算の分かる数字であり、今後も普及していくであろう。モノづくり産業として注目したい。しかし、問題は、これから原子力を抑制し、その代替として自然エネルギーをということになると、この程度の規模の設備ではとても間尺に合わない。例えば太陽光にしても、もっと広大な土地で、巨大な太陽光発電設備を建設しなければならないのだ。

実は、ここに述べた今ある支援策でも、その対象は家庭用電気には限られていない。実業家が、事業として太陽光発電設備を建設しても、この支援策が受けられる。例えば、大型の休耕田に巨大な発電所を建設してもいいのである。現に、いくつかの計画が進められていることが報道されている。

しかし、この支援策の実質コスト負担の付けが最終的には電気の需要家の電気代に回ることを考えると、その制度には賛成できない。

理由は二つある。

第一には、自宅の屋根使用料は無料ということはあるが、この制度は素人が計算しても比較的簡単に採算が取れる。実業家は、四十二円と巨大な発電設備を前提に、しっかり採算をはじいているのではないか。

第二に、電気業界は、発送電分離問題や家庭用電気の自由化問題、そもそも原発をどう管理するかという課題があり、遠からず業界全体の大改革に着手しなければならないかもしれない。そういう時期に、第三者の事業家が政策の息のかかった発電所を立ち上げることは、どうも賛成できない。

例えば発送配電を分離するということは

理由を簡単に二つ述べたが、これは、これから日本の社会で起きる大きな問題でもあるので、もう少し言及しておこう。普段はあまり接しないモノづくり産業の奥座敷の話である。

戦後の日本の電気事業は、長らく九電力会社（沖縄返還後は十電力会社）による地域独占体制であった。それぞれの地域の中で、発送電から配電までを、一社で独占していた。九〇年代以降、規制緩和の流れのなかで、さすがに大口需要家から徐々に自由化が認められ、地域会社の電線を利用して他社（例えば自家発電をしている企業）から電気を買うことができるようになったのである。しかし、今日いまだに個人家庭や中小企業などの小口需要家にはそのような自由が与えられていない。

だが、自然エネルギー時代が訪れると、小口電気はそのまま地域独占とはいかなくなる。

これまでの電力会社は、火力や原子力などの大型発電所で発電した大量の電気を超高圧送電線で送り出し、途中需要に見合って順次その電気を分けながら、最後は小口需要家に小分けにして配電すればよかった。こういうことで、日本の電気は停電が少なく、電圧や電流の安定した良質な電気であるとの評価を受けてきた。

しかし、本格的な自由化ということは、まず発送配電を分離することから始まる。発電会社は発電元で発電することに専念する。送電会社は発電会社から預かった電気を消費地に送るのだが、途中で別の発電会社から預かった電気を追加しながら、一方で別の配電会社にその電気を必要量だけ小分けして進むことになる。

発電元には風力発電もあれば太陽光発電もある。いつ、どれだけ発電するかは天気任せである。一方、需要家側にも大工場もあれば個人家庭もある。これまた一日の大きな傾向は分かっていても、現実の電気使用量はその瞬間、瞬間で変わるのだ。最後は、比較的弾力性のある火力発電の発電量で調整するのだが、これとても事前にプログラムがあるわけではない。

しかも、家庭の屋根の上にも太陽光発電設備が並び、配電会社は家庭で余剰になった電気を即座に引き取らなければならない。これまで一方向的に送っていた電気を、今度は往復で操作するのである。しかも、電圧、電流は安定していなければならない。

日本の電力会社はこれまで地域独占に守られ、このような事業形態はあまり考えていなかった。逃げていたのである。しかし、地球環境の観点からも自然エネルギーを活用することは当然な時代に入り、欧米先進国では、かなり前からこのような次世代電力網の構築に取り組んできた。

ITを活用し、電力需給を効率的に制御する次世代電力網をスマート・グリッドという。これは、地域内にある複数のさまざまな分散型電源や蓄電池と、工場、オフィス、学校、病院、家庭などの多様な電力負荷端末とをネットワークに集約し、ITのコントロールで相互補完しながら、自然エネルギーを有効利用するシステムである。

だが、この問題は、日本の電力会社ではまだ研究室段階にとどまっているようだ。経営トップの緊張感が感じられない。なぜか。それは彼らがずっと地域独占体制に浸り、経営に市場原理が働いてこなかったからではないか。

このスマート・グリッドは、いま述べたように地域内のさまざまな分散型電源や蓄電池を前提としている。二十一世紀には、この蓄電池が非常に重要な存在になる。電気自動車の普及の速度は、まさに蓄電池、バッテリーの機能向上と価格低下の速度にかかっていると考える。今、この瞬間、世界では大小数千の研究所で数万人の研究者がこの課題に取り組んでいるに違いない。

いま注目されているのは、家庭で充電できるプラグイン型の電気自動車である。そのバッテリー機能を活用しようというのだ。昼間余剰電力が生じる時に充電し、自動車の走行に利用しない場合は、夜間に放電して活用するのである。個人でこのような使い方をするのは当然である。

業界の大改革に関係して、最後に原子力発電につき言及しておかなければならない。原発に関しては国民の間にもいろいろの考えがあるのであろうが、はっきりしていることは、この日本で新規の原発を建設することはまずできないのではないか。原発の維持には、安全の管理のためにも非常に高度な技術を求められる。

したがって、今後原発所数が大きく減少するなかで、これを各電力会社が個別に管理するのは不可能ではないか。そこで、今後は、これを一括して国が統一的に管理することを検討しなければならない。

この観点からも、わが国の電気事業の大改革は、近い将来に避けて通れないと考える。

究極のモノづくり産業はロボットである

さて、最後に話題をかえて、ロボットについてもふれておきたい。究極のモノづくり産業はロボットに行き着くと考えるからである。

そもそも人間が機械装置を発明した段階で、必然的にロボットの発想が生まれたという。工学的に精巧な装置を組み合わせていくと、最終的には人間に限りなく近い物ができるであろうということは想像に難くない。

もっとも、今日ロボットと呼ばれるモノには、大別して二つある。それは人間に近い機能を持つ機械と、ある程度連続して自動作業をおこなう機械とである。前者の例が、あの鉄腕アトムであり、後者の例が産業用ロボットやロボットカーである。産業用ロボットが特に注目されるようになったのは、二次にわたるオイルショック後に登場したメカトロニクス（機械とエレクトロニクスの合成技術）の時代に入ってからである。

産業用ロボットは、たしかに一つの自動機械に過ぎないが、日本人は、これをすら人間に見立てた。八〇年代に入って、自動車工場の製造ラインに産業用の組み立てロボットが立ち並ぶと、日本人は、その一つ一つにニックネームをつけたものだ。たしかに、それは若い労働者が一生懸命働いているようにも見えたのである。

インターネット上の事典サイト wikipedia に、こんな興味深い話が書かれている。「欧米ではロボットは等身大・人型の物を含め人間とは異質な存在や人間と対峙するものとして描写されることが多い」と。これは非常に興味深いことだが、欧米人に多いキリスト教やイスラム教など一神教信仰と、日本人に多い万物に精霊の宿るアニミズム的宗教観との相異からくるものであろうか。

この章の最後になるこの節でロボットを取り上げたのは、これからの孤独な高齢者の生活にロボットが役立つのではないかと考えるからである。いずれにせよ日本人はロボットと相性がいいのではないか。

人間がロボットに期待するのは、実は彼らのその超人的な能力である。鉄腕アトムは、その象徴的存在だ。彼は空を飛ぶことができる。工場のラインに並んだロボット集団も、人間を超えた力で仕事をしている。日本人の感覚にはあまり合わないが、近年は山間に潜んだテロ集団を狙撃する目的で無人航空機も使用されている。

今回の原発事故の後、破損した原発構内の放射線を探索するために、当初、米国からそれ用のロボットが運び込まれた。なぜ日本製を使用しないのか。実は、事故の数年前に日本でも政府主導でそのようなロボットが試作されたが、絶対に安全な原発構内にロボットは不要ということで、電力会社に追い出されてしまったという。ちなみに、現時点では改めて日本製も用意されているようだ。

電力業界は大改革が絶対に必要な所以《ゆえん》である。

さて、近年、テレビ番組で若者の国際的なロボット・コンテストに出会うことがある。あらかじめ与えられた課題に対し、数名の若者がグループになってロボットを製作し、その機能を競い合うのである。

日本のテレビ番組であるから、日本人の若者が入っているのは当然であるが、いつも彼らが上位のグループに入っているとは限らない。課題から察するに、モノづくりの器用さも非常に重要であるが、それ以上にどういう全体構想、システムを組み上げるかがポイントのようだ。

日本の若者たちが、このようなシステムの構築に弱いとは思わない。しかし、ＩＴの時代だ。ロボットも、究極的には全体構想が勝負になるというのであれば、世界にはライバルが非常に多いのではないか。若者たちの成長に期待したい。

さて、これからどのような分野でロボットが活用されるのか。そのフィールドは限りなくあるが、一つだけ身近なテーマを紹介しておこう。それは介護を含む高齢者の支援である。ここは、これからロボットがどうしても必要なのである。

現在、団塊世代が高齢者になりつつある。近年まで国連では六十歳以上を高齢者と呼んでいた。だが、最近は先進国で長寿化が進み、高齢者が増えてきたために、制度的にも六十五歳以上を高齢者と定めるようになってきたという。日本では、団塊世代がその高齢者になりつつあるのだ。そして、十年余り後には、彼らは七十五歳に達し、今後は日本固有の制度の後期高齢者になるのである。

もとより個人差の大きい話ではあるが、高齢者になると、ベッドの上り下りやベッドから車椅子への移動など、簡単な動作にも他人の助けが必要になる。現在は、この程度の作業でも家人や介護福祉士が支援してくれている。しかし、現状、都会では一人住まいの高齢者は珍しくなく、老人施設では介護士が不足して困っているのが実情である。この程度の仕事をロボットが支援してくれると、ずいぶん助かると思う。

これから超高齢者がどんどん増えてくることは目に見えている。日本の特技の実力を発揮して、介護の分野でもロボットにどんどん活躍してもらいたいものである。

思いのほか早く登場するのは、超高齢者の話し相手をしてくれるマスコット・タイプのロボットではないかと考えている。超高齢者は、同じ思い出話を何度でもするので、そのお相手にロボットは適しているのではないだろうか。

第8章　産業構造と生活共同体

日本の家族主義はどこまでもちこたえるか

ややや唐突なテーマを掲げさせていただいた。日本は世界の先端を行く先進国の一つであり、その産業は、ポスト工業社会時代に入りつつある。したがって、経済を論じるときには、生産活動と合わせて国民生活についても考えなければならない。本書で社会保障に言及しているのも、ひとつにはそのような考え方からである。

国民生活といっても幅は広いが、以下、社会保障とのかかわりが深い家庭生活について、少し考えてみたい。

戦後、わが国では民主化の一環として家制度が廃止になった。家とは、戸主と家族で構成され、日本人はいずれかの家に属していなければならなかった。この戸主の身分にともなう権利と義務を家督といい、ふつう長男が戸主になった。これが、他の先進国に類例を見ないわが国の家制度である。

しかし、戦後、この家制度の廃止とともに、高度成長期に多数の二男や三男が都会に移動、独立したために、戦前はよく見られたいわゆる大家族は、ほとんど消えてしまった。むしろ都会では、結婚しない若者たちや高齢者の単身世帯が非常に目立つようになっている。

敗戦時に米国から持ち込まれた考え方は、人は個人として独立するという思想であった。しかし、日本では、戦前の家の影響もあり、この考え方は定着しなかった。都会では、子どもも一人か二人の核家族が形成され、田舎には残された両親と長男家族が生活していて、盆と正月には、都会から核家族が親元に戻るという社会習慣ができたのだ。

すなわち、家督制度は廃止されたが、家族意識は残っているのである。このことは、あの盆暮れの交通機関のラッシュや、「うさぎおいしかの山」から始まる童謡『ふるさと』が今日なお国民的愛唱歌であることからも明らかである。

この家族意識は、社会保障制度の手厚い北欧と比較すれば明瞭である。北欧では、成人に達すると完全に家族から独立して、一人の人間として生きていく。万一病気になっても、その面倒はいっさい国が見てくれる。高齢化してからの介護も、国が全責任をもってくれるのである。したがって、そういう社会であるから、祖父母から孫まで、また兄弟姉妹も含めて家族全員が集まる機会などはないし、その考え方も全くないという。

もっとも、日本は家族意識が残っているといっても、やがて田舎《いなか》を知らない都会生まれの都会育ちが増え、一方で地方の田園の姿も大きく変わるであろう。すでに人口減少の時代を迎えているのだ。

日ごろテレビなどを見ていると、都会人としては驚くほどの家族生活が地方には残っているように見受けられる。しかし、周知のとおり地方の高齢化も一段と進み、農業のようすも昔とは違ってきているようである。いつまでも現状のままとはいかないであろう。

だが、ここは思いきって人間として独立してといっても、日本に北欧のような福祉政策があるわけではない。政府は、私的扶養から公的扶養への時代といっているが、現実の政策制度はそうなってはいない。介護についても同じである。このことは、現在の国民年金制度や公的高齢者施設の実状を見てみれば明らかである。ごく一部の有資産家は別にして、大多数の国民は、最後は家族を頼らなければならないのだ。

その家族がいなくなるという話なのである。このことが、現実に足元で進みつつあるのだ。考えてみれば、厳しい話である。

日本が財政的にとても北欧にはなりえない以上、国民はその対策を考えておかなければならない。私は、第一に、日本では、この先多少細ってでも家族関係は残しておきたいと考える。そして、第二に高齢者対策として、地域社会をもう少し充実したいと思う。

第一の家族の問題は完全に個人の問題であるので、ここではこれ以上は論じられない。ただ社会保障の問題と関連して、第10章でふれるつもりだが、子どもを産める女性には、ぜひ三人の子どもを産んでいただきたい。

第二の高齢者対策としての地域社会とは、ＩＴを活用してこれを生活共同体に仕立て上げようという考えである。現在、地方の地域社会が生活共同体の機能を果たしているのは承知しているが、これを思い切って政策的に進めたいのだ。ＩＴ時代は、多様な職業の人がこの田園風景の中で生活することができるのである。これを加速することにより、その地域社会は、高齢者にも住み心地のいい街になるのではないか。

産業構造の変化が生活共同体の姿を変える

工業社会時代全盛のころは、人びと、特に若者たちは、職を求めて都会に集まった。なぜ都会なのか。それは、都会には権力（政治の中心）があり、情報が集まり、したがってビジネスが集積しているからである。その都会の代表が東京であり、中央集権国家の日本では、一極集中で東京は大都会に成長した。

大小さまざまな都会の周辺には、都会に集まった労働力を求めて工場街が形成され、また大勢の人びとが生活するゆえにサービス産業が発達した。このような都会が、日本各地に展開して存在するようになった。

一方、多くの大企業は、東京や大阪などに本社機能を置くと同時に、その製造部門の設備を全国に大規模に展開することにより、日本列島に大工場地帯を成形していった。それぞれの工場地帯にも、また人の住む街がつくられたのである。

明治維新以前の藩制で区画されていた緑の列島に、工業社会時代に入ってからこのようにして思いきった都会や工場地帯が形成されていった。しかし、ポスト工業社会時代に入った今日、これらの都会や工場地帯はピークを越したのである。それらは、すでに大きく姿を変えつつある。

そこで、日本列島はどのように変わるのか。多くの識者や政治家は、地域主権の確立と州制の導入を主張しており、このことが一つの方向を示している。実は、私もこの考えに賛成の立場だが、詳細は第10章で述べたい。

ここでは、ひとまず最少単位の地域社会についてポスト工業社会時代の姿を展望してみたい。最少単位というのは、仮に数千人としておこう。地方でいえば、集落をいくつか合わせた村落が、中小都市や大都市郊外でいえば一つの町が、そして大都市の都心部でいえば大きな団地が考えられる。

工業社会時代を象徴するのは、職種でいえばサラリーマンである。その彼らや家族は、ほとんどの人びとが都会に住んでいた。しかし、ポスト工業社会時代を迎え変わるのは、その彼らの生活の態様である。なぜならば、その多くの人びとが専門家になるからである。

もちろん明日から全員がすぐにそうなるわけではないが、だんだん専門家が増えていく。その生活は、自由業に近くなる。そこで、例えば、家に居ながらにして端末を相手に仕事ができるようになる。ＩＴが発達したおかげで、現在すでに勤務形態が比較的自由な企業も増えているが、これがもっと徹底してくる。すなわち、家が都会ではなく、地方にあってもよくなるのだ。

そうすると、今度は高度成長時代とは逆に、都会から緑に恵まれた地方への人の移動が始まるのである。彼らは新しい文化と生活を運んでくれる。地方の村落が変わるのである。長い時間はかかるであろうが、流れはそうなるのである。

ここでは、専門家と表現したが、それは技術者もいれば、コンサルタントもいれば、ピアニストもいれば、法律家もいれば、エコノミストもいれば、医者もいればと、さまざまな職種の人びとが集まるのである。

もちろん、先住者は農林水産業の人びとである。しかし、彼らもまた伝統的な農業、漁業に携わる人もいれば、前述したように、無人農機や本マグロの養殖のように極めて高度化した機械や技術を扱う人もいるのである。

その彼らが、家族も合わせて、老若男女、ここではあえて生活共同体という表現を用いるが、その生活共同体を形成するようになるのである。こうした生活共同体では、工業社会時代の、あの物財を中心にした文化では得られなかった、もう一つの新しい人間の営みが生まれるのではないかと期待したい。

これは、いずれ訪れる遠いポスト工業社会の話ではない。国民の気持ちが一致して、うまく政策の舵が切れればのことではあるが、近未来の日本列島の話なのである。

日本はなぜ金融立国の道を選ばないのか

ここまでは、産業を論じるにあたり、ダニエル・ベルのポスト工業社会を背景に置きながらモノづくり産業を中心に話を進めている。ここで話題を転じて、金融業について一言ふれておきたい。

ちなみに就業者数は、金融業と保険業を合わせて一五三万人である。ちょうど日本の総人口の一・二%である。よほどの過疎地ではないかぎり、生活圏の中に金融機関の一つや二つ見かけるであろうが、就業者数が総人口の一・二%とは、およそそういう数である。

私の近著、『日本の再出発』（財界研究所、二〇一一年）で、「日本の進路は脱工業社会と金融立国であるというが――」という表現を取り上げた。実は、数年前から失われた二十年に関連して、一部経済学者やエコノミストの中に、日本は脱工業社会、金融立国の道を選ばなかったためにこんな経済になってしまったという主張があった。

ここにある脱工業社会は、文字どおり「脱」工業社会なのである。私の主張は、すでに述べてきたポスト工業社会である。数年前のことだが、彼らの主張は、一九八〇年代にレーガン大統領やサッチャー首相に牽引されて米英両国は自由化、民営化の時代に入り、九〇年代に大繁栄時代を迎えたという。米国の金融活動は高い収益率を実現、英国も開放政策で金融立国を果たしたということである。

これに対し私の考えは、拙著で次のようなことを述べている。

大事なことは、情報技術のような新しい技術により、農業社会も工業社会も変わってくることだ。農業の工業化が進み、工業の情報化が進むのである。技術進歩で革命的に変化しているのは、金融工学の発達で大騒ぎしている金融機関だけではないのではないか。

さて、革命的なエネルギー技術にせよ情報技術にせよ、世界にライバルは多いが、日本人としては得手とするモノづくりの内側の話だ。一億三千万人を乗せたこの「日本丸」を単純な脱工業化へ向かわせようという考え方に対しては、この国の国民性の観点からいささか賛成しかねるが、いかがであろうか。

ここまでが拙著からの引用であるが、要するに強調したいのは、一国の経済を論じるのは、単にGDPの大きさではないのだ。大事なのは、そこにある雇用、すなわち国民の職業のあり方であり、ひいては家族の生活の姿の問題なのである。

実は、ここに述べている工業立国か、金融立国かというテーマは、読者はもうお気づきのようにすでに結着済みのことである。あの〇八年のリーマン・ショックに端を発した大金融危機とその後の経済混乱はようやく収まりつつあるが、大方の関係者の考えは、再びあのような金融破綻を招いてはならないという方向でまとまりつつあるのだ。

産業としての金融をどう考えるか

そもそも、人口一千万人以上の国で、金融が経済の大黒柱ということはありえない。米国経済は、自動車産業や軍需産業、石油産業、幅広いサービス産業、農業など数多くの産業が牽引しているのである。

日本も同様である。「卸売業、小売業」「製造業」「医療、福祉」以下、先の表に掲げた十九業種が、このGDP第三位の国の経済を支えているのだ。ちなみに、ここに例示した三業種で、全就業者数の三分の一になる。

そこで、この十九業種の中の「金融、保険」を抜き出して、さらに銀行と証券に絞って少し考えてみたい。銀行は預金や貸付、さらに為替や送金の業務を扱う。証券は、株式や債券の発行、あるいはそれらの売買の業務を扱う。ごく簡単に述べたが、要するにこれらを、顧客の求めに応じ、いかに安全、正確、かつ迅速にその需要を満たすかが、業務のポイントである。

銀行と証券は、それぞれの業務の本質的性格から、一九二九年のニューヨーク市場における株式大暴落以来、米国、英国や日本では、長らく両業種の兼業が禁止されていた。近年、世界的な自由化の流れのなかでこの禁止が解かれる方向にあったが、〇八年のリーマン・ブラザーズ破綻事件以来、また元の禁止の方向へ戻りつつある。

前置きが長くなったが、それでは、銀行や証券は、なぜここに述べたような業務から高い収益を実現できるのか。それは、一言でいえば、ＩＴの発達を基礎に、デリバティブ（金融派生商品）と呼ばれる金融技術が格段に進歩したからである。

このデリバティブとは、例えば外国為替や株式などの伝統的な金融商品（原資産）の受渡しや売買に、スワップ（例えば為替取引において直物取引と先物取引を同時におこない為替リスクをヘッジすること）やオプション（所定の期間内にある金融資産を特定価格で売買する権利）といった新しいタイプの取引を商品化したものである。

やや短絡的な表現になるが、銀行と証券はその業務が厳然と分れているわけではない。例えば米国の投資銀行は、証券引受を主業務とする証券会社である。八〇年代の自由化時代に入り、特にこの銀行と証券の重複している分野の規制緩和が進められた。デリバティブが発達したのは、この分野のどちらかといえば証券寄りのところにおいてである。

金融活動が高い収益率を実現すると認識されたのはこの分野の話であるが、それも相当高度な金融技術を駆使してのことであった。しかし、簡単にいえば、その技術をコントロールできなくなって破綻したのが、リーマン・ショックである。この事件は、当事者のみならず広く世界の経済に大きな損害をもたらした。その影響は、まだ完全には終わっていない。

ここで、私はデリバティブを全面的に否定するつもりはない。スワップもオプションも、それ自体は立派な金融技術であり、金融商品である。実体経済の動きに求められるのであれが、積極的に活用すべきであると考える。しかし、実体経済から離れ一人歩きをするような金融技術としては用いるべきではない。

高収益が上がるといっても、その収益が実体経済から離れ、金融活動の中から得られるような取引は非常に危険である。金融取引の中でゼロ・サム・ゲームになるからである。

おそらく、リーマン・ショックから完全に抜け出せば、そこには、世界的にかつての規制が戻るような厳しいルールができるであろう。銀行や証券は、それに従って営業をしていかなければならない。決して高収益が上がる事業ではないはずである。しかし、一国の経済にとっては、金融は不可欠な機能である。

デリバティブに関係するのは、主に大手銀行や大手証券である。問題は、この東アジア社会の中で、ここに述べた原則がどこまで守っていけるかであろう。

一方、ここにふれなかった比較的規模の小さい銀行や証券は、おおむね地域金融機関である。それらは、地域の共同社会において欠くことのできない存在である。

本書では、これからの日本にとり、社会生活に密着した共同社会の重要性を改めて考えようとしている。地域金融機関については、後にもう一度取り上げようと思う。

日本の資産主義の特色

話題は変わるが、ここで社会構造の視角から日本の資本主義について簡単に見ておこう。そもそも資本主義とは、「利潤追求を原動力とする資本の支配する経済体制。その特徴は、①生産手段が資本家の私有となっていること、②労働力が商品化されていること、③商品生産が支配的であること（以下略）」（『有斐閣経済辞典』）である。極めて簡潔にいえばこういうことであろう。

ここでこの問題を取り上げたのは、ここでいう資本家とは、この日本において誰のことであろうかということである。

わが国においても企業はいわゆる大企業から零細企業まで多数存在する。ここは一部異論があるかもしれないが、経済活動の中心にあるのは、その中で一部の中小企業以上で証券市場に上場されている大小の企業群としておこう。

これは多くの先進国に共通するが、今日ではわが国上場企業株主に、特定の個人大株主はほとんどいないということである。もとより、上場して間もないベンチャー企業（専門性が高く革新力に富んだ小企業）で、株主名簿上位に個人名がずらりと並ぶ企業がないではないが、それらも全上場市場の総資本の中では数の内に入らない。

そもそも株式市場というのは、経済体全体から広く資本を集める場であることを考えれば、これは当然のことであろう。

それでは、個人ではなく機関が大株主とし名前を出すことはないのか。それは、例えば生命保険会社であるとか、資金運用のための基金であるとか皆無ではない。しかし、彼らも通常はあくまでも株主としての地位にとどまっている。

わが国には戦前から財閥が存在し、戦後も長らく旧財閥系と呼ばれる企業集団が残ってはいた。だが、これらも十年余り前のいわゆるメガバンクが誕生する過程で、その企業集団としての実体はほとんどなくなったといってよいだろう。すなわち、特定の企業集団が市場の外で資本を支配することはないということができるのではないか。

もう一点、わが国の証券市場では外国資本の影がうすい。これは、第一に、いわゆるガラパゴス現象でそもそも外国企業が日本にあまり進出していないこと、第二に、近年、収益力から見て日本企業の魅力が乏しいことによるものである。

もうひとつ言及しておこう。わが国では国債を中心にして膨大な証券市場が形成されているが、その出資者のほとんどは、これも日系機関であり日本人である。すなわち、日本の銀行が大量の日本国債を抱えているのである。

さて、それでは、このような構図の中で注目しておきたいのは、生産手段を所有しているのは、日本人自身であることだ。自分は株など所有していないと思う人は多いだろうが、自分が預金を預けた銀行は間違いなく株を保有している。国民年金も、国民から集めた資金の一部を株で運用しているのである。人により、多寡の開きはあるが、わが国では成人のほとんどが間接的に株主であり、資本家なのである。

それでは企業において現実に生産手段を動かす、すなわち経営をするのは誰なのか。それは各企業の総株主によって選ばれた取締役である。取締役が企業の経営に当たるのである。すなわち、日本において、経済活動の中心にある上場企業を動かしているのは、圧倒的比率を日本人が占めている株主なのである。

労働力が商品化されているという表現の設明は割愛する。要するに労働力を提供して経済活動の現場で働いている人のほとんども日本人なのである。

すなわち、個別企業の中では、人びとは株主であったり、取締役であったり、労働者であったりとそれぞれの地位がある。しかし、日本経済総体、すなわち日本株式会社としては、ほとんどの日本人がその株主なのである。

個別企業について一言付け加えておきたい。

多分古い財閥から始まったと思うが、旧来から日本には個別企業内に、経営者も従業員も一つの身内意識、家族意識があった。したがって、不況時には経営者は余剰労働力を解雇せずに、工場構内の草抜きの仕事を与えて雇用をつないでいた。しかし、これは利潤追求を目的とする資本主義の原理にはそぐわないのだ。

九〇年代のバブル崩壊不況時に、米国資本から見て、日本企業は従業員に対し経営が甘く、資本（株主）の利潤をじゅうぶん追求していないのではないかという批判が強まった。折しも、当時はわが国で会社法（旧商法）の大改正が進行中で、この問題がコーポレート・ガバナンス（企業統治＝企業活動を律する枠組み）の問題として、経済界や官界の関係者の間で議論が深まった。

人間性の観点から従来の家族主義を守ろうとする派と、バブル崩壊後に流れ込んだ米国資本の厳しい派との論争に明快な結論はないまま、現実の経済はその後のグローバル化時代へと突入していった。企業統合や資本投入が続くなかで、どの企業もその企業の性格を変化させつつあるのが現実の姿と理解する。

制度面からみると、例えば正規社員、非正規社員の問題などは、ここに述べた大きな歴史の流れの中から派生した問題と考える。

このことと関連して、企業の従業員処遇と第9章で論じる国の社会保障制度との関係に多少ふれておきたい。

国の制度としての社会保障が今日の状態まで進歩し、今後なお拡充するとしよう。一方で、企業の側には従業員に対する福祉政策があり、その中にここでいう社会保障が含まれていて、そこに企業間の差があるとする。そうすると従業員にとっては、勤務する企業により社会保障に差が生じ、またこれら従業員と企業勤務をしていない一般人（自営業者など）との間にも大きな差が生じる。

この差は、すでに年金などで大きく見られる。例えば、企業勤務者は国民年金として老齢基礎年金があり、このほかに企業年金として厚生年金があるが、自営業者には老齢基礎年金しかない。かつてのように高齢者は家族が養う時代はそれでもよかった。しかし、すでにそういう時代ではなのだ。自営業者は、夫婦で月十三万円、どのように生活していくのであろうか。

社会保障制度についても、企業の福祉政策についてもそれぞれの企業ごとに、長い歴史を有する。ここではこれ以上言及しないでおく。

しかし、時代はポスト工業社会時代に入っている。かつてのサラリーマン時代ではないのだ。相対的な問題ではあるが、自らの専門性を生かして、これまでよりは簡単に前の企業を辞め、次の企業へ移っていく時代である。そのための労働市場を発達させるためにも、社会保障制度資格などは簡潔にする方がいいのだろう。多分、制度を通じて積み立てた自分の貯蓄なども職場から職場へ持ち歩くのだろうが、そのポータビリティを考えて制度設計したいものだ。

こうした観点からも、今後社会保障制度を充実していく際の課題は少なくない。

第9章　層の厚い中間層型社会を再現できるか

レッドカードを掲げる少子高齢化社会

話題を国民生活に戻そう。この章では、これからの日本社会のあるべき姿を考えてみたい。

中間層とは、一般的には中間階級と同義語で、有産階級と無産階級の中間を指すとされる。本書では、社会学的にもう少し幅をもたせて考えたい。

近年はようすが変わってきたと思うが、かつて日本では圧倒的に多数の国民が、自分は中間層に属すると考えていたようだ。足元の生活が安定し、将来についても大きな不安がなかったからである。自分の生活水準に対する納得度が高かった。この章の見出しにある層の厚い中間層型社会とは、このような中間層型社会をイメージしている。このことには、社会保障制度のあり方が深く関係していると思う。

それでは、近年はなぜそうではなくなったのか。この点については後に追い追いふれるとして、その前に、出生率低下が大問題であることに言及しておきたい。

ここでいう出生率とは、一人の女性が一生に何人の子どもを産むかという合計特殊出生率を指している。国のように大きな社会集団では、仮に移民の転入がないとすると、その数は二・一以上なければ総人口は長年のうちに減少に向かうことになる。

わが国では、高度経済成長の終盤、一九七〇年代に入ると、この数字が二・一を割り、以降かなり速いテンポで低下が続く。二〇〇〇年に一・三六、〇五年に一・二六まで下がり、ようやく底を打った。近年は一・三七（一〇年）前後にある。

一般に、先進国はこの出生率が低下する傾向にある。高等教育を受ける期間が長くなり、また特に女性の自立心が強まり、出生機会が減少したことがその原因の一つと考えられている。日本では、近年これにデフレ不況も加わり、家庭を持っても少子化なのである。

例えば、調査年次に多少差はあるが、米国が例外的に二・一〇であるほかは、フランス一・九八、英国一・七六、カナダ一・六三である。またドイツは一・三七と日本とほぼ同水準であり、イタリアは一・三〇、韓国一・一九は一段と低い。欧州では、フランスなどはかつてもっと低かったが、いろいろと少子化歯止めの対策が立てられて、ここまで回復したと聞く。

ただし、ＥＵになってからは、各国別の国家意識は多少薄くなり、あまり自国の人口にこだわらなくなったのかもしれない。ＥＵ人が、域内をどんどん往来しているのである。また、域外からでは、かつて西ドイツで働くトルコ人が有名であったが、現在では中東やアフリカなどから多数の労働人口が流れこんでいるようである。

参考までに、世界全体の総人口は現在七十億人を越えたところでこれが今世紀半ばには、九十億人に達するといわれる。

そこで、今後わが国の人口がどうなるかである。手元の国立社会保障・人口問題研究所資料によれば、二〇一〇年一億二千八百万人強であった人口が、三〇年には一億一千六百万人台半ば、五〇年には、一億人を切って九千七百万人強になる。統計としては、そういうことであろう。

しかし、この速いテンポの人口減少は、社会保障制度から見て大きな問題を含んでいる。現在、日本の人口ピラミッドは、ごく大まかに言ってヒョウタンを逆さに立てた形をしている。上の大きなふくらみが団塊の世代、下の少し小さなふくらみが団塊ジュニアの世代である。いま、団塊の世代はちょうど六十五歳以上の高齢者の仲間入りをしようとしているところだ。そのジュニアの世代は、三十歳代半ばを中心にした働き盛りの世代である。

かつては、高齢者の介護は家庭内でおこなわれたが、現在は、国家の制度として、社会全体で現役世代が高齢世代を支える体制になっている。世代間の不公平は後に論じるとして、現在は、ともかく団塊ジュニアを中心とする現役世代が、団塊世代とその上の高齢者を担いでいるのである。

小見出しで、レッドカードを掲げる少子高齢化社会と大げさな表現を使ったのは、約四十年後、すなわち二〇五〇年にジュニア世代が後期高齢者（七十五歳以上の高齢者）の座に着くころ、誰がその御輿《みこし》を担ぐのだろうかと心配になったからである。出生率低下のため、担ぎ手となる現役世代が極端に少なくなっているのだ。

わが国の社会保障制度を論じるときには、ここまでの問題を考えておく必要がある。

大きな政府か、小さな政府か

本論に入る前に、もう一つ数字を確認しておきたい。

国家の存在に対し国民の経済的負担を表す概念に、国民負担率がある。租税負担と社会保障（社会保険料）負担合計の国民所得に対する比率をいう。因みに、主要先進国のそれは次のとおりである。

日本の国民負担率が三九・八％（租税負担率二二・七％、社会経済負担率一七・一％、以下同じ）に対して、米国三〇・三％（二一・六％、八・七％）、英国四五・八％（三五・〇％、一二・九％）、フランス六〇・一％（三四・九％、二五・二％）スウェーデン六二・六％（五〇・二％、一二・四％）となっている（日本は一二年度、その他の国は〇九年度）。

さて、ここで国民負担率の大小で大きな政府、小さな政府と呼び分けることにしておこう。米国は明らかに小さな政府の国であり、スウェーデンは大きな国の政府である。その他の欧州主要国は、ほぼその中間にある。ここで日本は、その米国と欧州との間にあることを読み取っておいていただきたい。

国の財政支出は、一般行政費のほか軍事費、国土保全費、教育文化費、社会保障関係費などなど多様である。また、どの国も社会保障関係費は大きな支出項目ではあるが、その財源は社会保険料だけではなく、多くの国で税金（わが国の消費税に相当する付加価値税など）がこれに充当される。

したがって、財政支出全体を表す前述の国民負担率だけから各国の社会保障政策を論じることはできない。だが、ごく大要を考える時にはこの数字が参考になる。

例えば、常識的にいえば、米国は国民皆保険の医療保険導入すら憲法違反ではないかとする自主・自立を重んじる国である。本来、もっと国民負担率の低い国だが、近年はアフガニスタン戦争などで軍事費が増大し、これが嵩んでいるようである。

一方、欧州各国は、第二次世界大戦終結後、各国いっせいに福祉国家を国是として掲げた。各国まちまちではあるが、その歴史過程から社会主義思想の影響であり、社会保障が相応に充実している。特に北欧は、社会保障が際立って手厚く、その分だけ国民負担率が高い。

そこで読者の皆さんは、大きな政府を選択されるか、小さな政府を選択されるか。

私たち日本人は、戦後、生活文化は米国の文化になじんできた。すでに述べてきたように、国の存立基盤も日米同盟に支えられている。そこで、社会保障の考え方も、小さな政府を基礎にすればいいのではないか。

次のような理由から、私は、それは日本に適さないと考えている。

第一に、日本と米国とでは、国柄が全く違う。米国は、一七七六年に英国から独立した、移民の多い、多民族国家である。その生活哲学は自主・自立にある。日本は、有史時代だけでも二千年に近い歴史を有する島嶼《とうしょ》国家で、国民の主な生活基盤は、ごく近年まで農村にあった。企業などのムラ社会は、その名残りである。

第二に、わが国の現在の社会保障制度は、財政の豊かな高度成長時代に築かれ、基本的には、北欧ほどではないが欧州主要国に近いそれなりの大きな政府型である。ただし、現在、欧州主要国と比較して国民負担率が低いのは、その分だけ社会保障が不足しているか、財政赤字で分担しているかである。

第三に、日本は主要先進国の中で少子高齢化の先頭を走っている。すでに欧州型の社会保障制度を基礎にしてきたわが国が、団塊世代がまさに高齢化するこの段階で米国型に切り替えることは、国民が受け入れられないのではないか。米国型では、国家そのものの存立基盤が崩壊することになる。

てみたい。

消費税率は年月をかけて二〇％まで引き上げを

そこで、社会保障自体の内容は後で述べるとして、ここでは国民負担問題をもう少し考えてみたい。

すでに見てきたように、欧州型といいながら、現在の日本の国民負担率はかなり低いが、私は、欧州の主要国を参考にしながら、これを一〇％引き上げることを主張している。この数字は、現在の消費税率に換算すると、およそ一五％前後の引き上げ、すなわち、消費税率を二〇％に引き上げることになる。

私は、この問題をすでに十年以上前から主張している。今回の野田政権の動きは、ようやく政治もここまで来てくれたという思いである。

この消費税率引き上げに対する反対論の一つは、景気との関係にある。しかし、失われた二十年の体験からいって、今後このまま待っていても増税の機会は簡単には訪れないだろう。そのうちに、日本の財政は国際金融市場で警鐘を鳴らされることになる。

なぜ消費税なのか。それは、高齢者も含めて、これを広く国民全体で負担をしたいからである。確かに低所得者ほど負担感が大きいという逆進性の問題はあるが、それは技術的に対応できることである。増税幅も、二〇％まで一気に引き上げようというのではない。多少の年月（例えば十五年）をかけてもいいと思うが、今回の引き上げは、その第一歩になると思う。

それでは、二〇％まで引き上げると過去に累積した財政赤字が解消できるのか。残念ながら、そこまでは考えられない。当面は、年々新しく発生する赤字を抑えるのが精一杯であろう。むしろ、これは後述するが、世代間の不公平感を少しでも解消するにはどうするか、少子化問題にどう対応するかなど、社会保障として何ができるかを前向きに考えたい。

過去の赤字累積問題は、それはそれで取り組みたい。国の貸借対照表を見れば、負債に見合った資産があるではないかという説がある。しかし、その資産の内容が問題なのであって、これを軽々しくいうのは、国民に誤解を与えかねない。鵜呑みにはできないのだ。

私は、かねてから、例えば日本人二人、外国人三人の専門家チームをつくり、一度わが国のバランス・シートを徹底的解析し、そのスリム化策を検討してはどうかと主張している。産官学はいうに及ばず、広く市民からも意見は募るとして、その実行、バランス・シートの実質的な健全化は、経済界、ビジネス・パーソンに委ねるのである。

出生率の引き上げは喫緊の課題

さて、話題を社会保障に戻して、消費税率引き上げを前提に、これから何を実施していくかを考えてみたい。その目的は、足元の生活の安定と、将来に大きな不安のない社会の実現にある。消費税率を二〇％まで引き上げようというのは、その下地にしたいのだ。

そもそも社会保障とは、国民の生活権の確保を目的とする保障をいうが、その範囲は広い。現在、わが国では年金、医療、介護がその中心的課題とされているが、一般的には失業対策、生活保護、出産、子育て、教育などいわゆる社会福祉も含む広範囲の課題が考えられる。自主・自立の思想からいえば、どこまで国が手を出すのかということになる。

本書ではいくつかのテーマを取りあげて、基本的な考え方を整理しておきたい。その基軸を、足元の生活の安定と将来についても大きな不安のない生活におく。

そこで、はじめに、この章の前の方でふれた出生率低下に関する対策を考えてみたい。すでにお気づきのように、出生率低下は、民族の存続にかかわる大問題であるとともに、社会問題としても、今日的に大きなテーマである。出生率が一・五以下では、計算機で計算するまでもなく、逆さに立てたヒョウタンはどんどん下が細くなる。

それでは、どうすれば出生率をせめて二・〇近くまで高めることができるか。各人には、それぞれ個別事情があるであろうが、結婚できる若者はどんどん結婚して、子どもを産んでほしいものだ。しかし、それができない。その事情をここで一つ一つ分析しようとは思わないが、バブル崩壊後、これは若者に限らず、生活が非常に厳しくなった。

当座の課題としては、出産・育児につき、政策として可能なかぎり支援したいのである。

後に、社会のあり方にふれるつもりだが、せめて縦の関係を中心にした家族関係は残したいものである。三番めの子どもは、国からのごほうびとして、ゆうゆう育てられるだけの手当が必要なのではないか。

その延長線上で、高等学校までは、すべての子どもについて授業料の国の負担は当然と考える。これは、現代にあっては社会の責任であって、個人の自主・自立を越えた問題である。

これからの世界は、特にこの東アジアでは、新興国も台頭して学歴の競争が熾烈《しれつ》になってくる。職業のためにも高い学歴が不可欠となってきた。次世代を担う若者たちが、日本で生まれたことを誇りに思えるような国にしたいものである。

リタイア後に長い余生が待っている

少子化対策のごく一端を述べたので、ここで高齢化の実態に軽くふれておきたい。日本は、人口一億人を越す大国の中では、トップの最長寿国である。すなわち、日本人の平均寿命は次のとおりだ。

私の子どものころ、終戦時には、一般に人生五十年といわれていた。その後、ペニシリン普及など医学の向上もあり、戦後の混乱期を経て寿命は順調に伸びていった。

高度成長最中の一九六五年、日本人男性の平均寿命は六十八歳、女性のそれは七十三歳、四半世紀後の九〇年は、男性七十六歳、女性八十二歳であった。そして現在は男性七十九歳、女性八十六歳である。これをどう受け止めるかは、各人各様であろう。

もう一つ、各年齢の平均余命、人生の残り期間の数字がある。これを二〇一〇年の表で見ると、いわゆる高齢者の入口、六十五歳で男性十九年、女性二十四年である。各人、職業や生活条件で実態はさまざまであろうが、これがおおよその余生、社会での生産活動をやめてからの人生の期間である。

もっとも、近年は、これでは社会保障制度の運用が大変厳しいということで、いろいろな制度面（例えば退職時期や年金給付の開始時期）から、その考え方を七十歳まで引き上げようという動きになっている。七十歳で見ると、平均余命は男性十五年、女性二十年である。

リタイア（退職）の時期を七十歳と見ることは、すでに後期高齢者（七十五歳以上）である私の体験や周囲の仲間たちの生活ぶりから察するに、都市生活者にとっては、まあまああであろうと判断している。地方の人たちは、もっと元気がいいことはよく承知している。

人間には、誰にも寿命がある。これを、仮に自然寿命と呼ぶ。しかし、ふつうは突然死という幸運にめぐり合わないかぎり、その前に自分一人では生活できなくなる時が来る。これを、健康寿命と呼ぶことにする。この健康寿命から自然寿命の間を、私は人生の晩秋期と名づけている。一人で生活できなくなるとはどういう状態を指すかということで、そこには個人差もあり、数字では表現しがたいが、ごく大まかにいって、その期間は数年間ある。医学が進歩して、意外に長いのだ。

いろいろ数字を並べてきたが、要するに、日本人はかつて人びとが考えていたよりは、思いのほか長生きしているのである。現在、わが国の代表的年金制度といえる国民年金制度の基礎が築かれたのは、六〇年代の前半である。そのころ、男女合わせた平均寿命は、せいぜい七十歳そこそこと考えられていた。まさか半世紀後に、それが八十歳を越すとはほとんどの人が思いつかなかったのだ。

この、いわゆる高齢化、高齢者が想定外に増えてしまったという問題は、単に年金保険制度だけではなく、医療保険制度、介護保険制度など、社会保険制度の三本柱に大きな影響を与えている。そこで、以下それらの社会保障について、順次その基本的問題を考えてみたい。

逆さヒョウタンでは賦課方式は成り立たない

公的年金制度には、大きく分けて、自分が積み立てた掛金を将来自分が年金として受け取る積み立て方式と、その時どきの高齢者に対する年金給付金を現役世代から集めた年金保険料等で賄う賦課方式とがある。

現在、日本の公的年金制度は、賦課方式を基本とした財政方式であるといわれる。しかし、国民として半世紀前の制度発足時にそんな話は聞いていなかったし、これから説明するように、事はそんなに簡単ではない。

そもそも、わが国の公的年金制度は非常に複雑である。過去の歴史を無視してごく簡単にデッサンしよう。一般に一階部分と呼ばれる全国民共通に適用される横長の国民基礎年金があり、その上に、職業により、民間企業勤務者対象の厚生年金、公務員等対象の共済年金、自営業者や自由業者対象の国民年金基金等々が二階部分として積み上がっている。三階部分の説明は割愛する。

公的年金については国民皆保険といわれるが、例えば国民年金保険の滞納者はざっくり言って四割にも達し、とても国民皆保険の実態は認められない。これを一口にわが国の公的年金保険というには、その制度内容があまりにも複雑である。

しかし、今回のいわゆる税と社会保障の一体改革では、この公的年金制度の抜本的建て替えは見送られた。

現在の公的年金の大きな問題の一つは、世代間の不公平問題である。

例えば、ちょうど年金給付の始まった団塊世代と、現役世代である団塊ジュニア世代とでは、団塊世代の方が得をしているというのだ。すなわち、生涯で受け取る年金総額の、現役時代に納入した年金保険料合計額に対する倍率は、団塊世代の方がジュニア世代よりはるかに大きいという。

その原因はいろいろあるが、基本的には、保険料算出の基礎条件の変化によるものである。一つだけ具体例をあげてみよう。団塊世代が納入した保険料は、その時代の短い寿命を前提にして算出されたものであったが、受け取る保険金は、その後寿命が延びた分だけ多くなる。長生きすればするほど得をするのだ。しかし、今後は寿命があまり延びないとなると、ジュニア世代はその分だけ余禄がなくなることになる。

だが、ジュニア世代の次の世代はもっと厳しい。今度は現役世代の数がずっと減るのであるから、現役一人当たりの分担額はその分だけ増えることになる。遠からずその負担に耐えられなくなるであろう。

賦課方式とは、そういう制度なのである。したがって、本来、人口ピラミッドが逆さヒョウタンでは、賦課方式は成り立たない制度なのである。

しかし、ここで積立方式に簡単に切り換えるわけにはいかない。これまでの被保険者は既得権があり、積立方式の方もゼロから積み立てるわけである。切り換え期間は各人新旧二制度で走るといっても、それは約五十年かかる。これまでのルーズな政治の付けが回ってきたのだ。公的年金とは、そういうものである。

いまの政治家には、与党も野党もわが国の社会保障制度はこうあるべきという哲学がない。したがって、年金制度を抜本から組み替える力もない。今回の一体改革でも、結局小手先での手直しで終わることになる。

おそらく、それにしても現役が納付する保険料では年金が満額支払えなくなり、そこで消費税率を引き上げようということになる。今後は、どんどん増税が繰り返されることになるだろう。

最大の問題は出生率の低下にあるのだが、どういうわけか、政治家も評論家も、国民にそのことをはっきり言わない。

医療保険が医療技術進歩の制約に

わが国では、医療保険制度も複雑である。

すなわち、制度としては、広く農業従事者や自営業者などが被保険者となる国民健康保険、中小企業勤務者などの政府管掌健康保険、大企業勤務者などの組合健康保険、各種公務員や私立学校教職員などの共済組合、後期高齢者の医療制度その他などなど、仕組みもそれぞれ異なる制度の集合体である。

一部を除き一九六〇年代前半に制定されたが、代表的な医療保険は、国民健康保険である。被保険者は農業従事者や自営業者などと書いたが、大企業の健康保険組合など、その他個別の健康保険に属さない国民は、すべてこの国民健康保険に加入することになっている。

このことをもって、わが国は、この医療分野においても国民皆保険制度であるとされている。だが、実態はそうではない。国民健康保険や政府管掌健康保険の被保険者の中には、保険料滞納その他の理由で、保険診療が受けられない者が多数いる。

リーマン・ショックの影響もあったのであろうが、〇八年度には、国民健康保険の滞納世帯比率は二割を越した。親が健康保険料を払えないために、学校の医務室で時間を過ごしている体調を崩した子どもたちが多数いると聞く。

日本の保険医療制度は、「すべての国民に高度の医療を平等に保障する」ところに、その制度創設の理想がある。しかし、現実には「すべての国民」でないことは、前述のとおりである。だが、この理念を捨てたわけではない。そこで「平等に」を実現するためには、保険診療をできるだけ低廉に抑えなければならない。

ところが、現実にはそうはいかない。ここに時代の変化による大きな限界があるのだ。あるいは、逆に、このことがわが国医療の時代変化に対する適応力を妨げているのかもしれない。その時代変化とは、一つは医療そのものの高度化であり、もう一つは社会の高齢化である。

まず、医療の高度化である。これは具体例をあげるまでもなく、医療器具や治療手法が年々高度化していることは、例えば健康診断を通じ自ら体験するところである。新薬についても、非常に進歩しているようすを新聞やテレビの報道などで知る。医療保険が適用されていても、新しいがん治療薬が非常に高価であることは、私自身経験して知っている。

そして社会の高齢化である。個人の人生でも、高齢になると病気にかかる率は高くなる。それも難しい病気である。社会の高齢化とは、社会全体の中でその高齢者が増える話である。

そこで、医療保険を通じ、すべての国民に高度の医療を平等に保障といいながら、その高度化のテンポをある程度抑制し、また、例えば高齢者は別扱いせざるをえなくなる。さらに、被保険者負担を引き上げるなどの努力もしてきた。

この間、大企業の健康保険組合は、労使負担の保険料引き上げなどで収支の黒字を維持してきたが、国民健康保険や政府管掌健康保険は赤字が避けられず、国や地方公共団体から公的資金の注入が続いている。その結果が、前述のとおり保険制度の維持と医学の進歩との確執になるのである。保険の財政面の制約があるために、制度として世界の医学の進歩についていけないのだ。

なお、高齢者医療については経緯があるが、簡単に述べておこう。かつて老人医療費支給制度があったが、八三年に老人法が制定された。これが〇二年に法改正され、被保険者負担を除く医療費の五〇%を国や地方自治体が負担し、残り五〇%を各医療保険の保険者が案分して拠出することになった。先に組合健康保険の収支は黒字を維持してきたと述べたが、この老人医療保険への拠出を強いられたために、財政状況が急速に悪化したという。

そこで後期高齢者医療制度が〇八年から登場した。後期高齢者というネーミングが差別的であるとして当初問題になった。しかし、財源は国・地方自治体が五〇%分担、現役世代からの支援金が四〇%とし、制度該当者の保険料は一〇%という、高齢者にはじゅうぶん配慮した制度である。ただし、後期高齢者としての感想をいうと、現役時代と比較し、自己負担分の医療費実費も含め、生活費に占める医療関係費がずしんと重くなったというのが偽らざる実感だ。

高齢者は、社会にもそれだけ負担をかけていると自覚しておきたい。

以上見てきたところから、社会保障制度としての医療保険制度につき、次の二つの制度改革を提言したい。

一つは、現在の保険制度のままでは、本来最先端の成長産業である医療が、その進歩を妨げられることになる。そこで、特別の高度医療については現行の保険制度から切り離し、民間の医療保険制度を活用することにする。残された保険制度の方のみを、通常の保険料で財政が成り立つ公的医療保険制度とする。

現在問題となっている混合診療に類似した制度を、思い切って公的医療保険制度の中心に据えようという提案である。関係者に強い反対があるのは承知している。だが、もしそうであれば、まず保険財政の破綻、医療進歩の障壁、少子高齢化の現実という難解な連立方程式の解を教えていただきたい。

もう一つは、難病患者や高齢者をどうするかである。この両者については、保険料も含め前述の現役制度と同水準の医療保険制度を適用する。ただし、難病患者は、その難病部分については、民間保険ではなく、そのすべてをこの保険制度の対象に含めることにする。一方、高齢者の方は、高度な延命手術は、この制度の保険対象には含めない。

以上の結果、この両者の保険制度は大幅な財政赤字が出るであろうが、これは国費（財源は消費税）で充当することになるであろう

「生きていること」から「生きていくこと」へ

介護保険とは、高齢者に介護サービスを提供する社会保険制度である。ドイツで九五年に導入されたが、日本では二〇〇〇年に介護保険法が施行された。

六十五歳以上を第一号被保険者、四十五歳から六十四歳を第二号被保険者とする。第二号被保険者は、初老期の認知症、脳血管系疾患など十六種類の特定疾患で介護サービスを受けられる。これを含め、被保険者は要介護度（1～5）、要支援の認定を受け、その認定度に応じ介護や支援の費用の九〇%の保険金支給を受けることができる。一〇%は自己負担となる。

一方、保険の財源としては、給付費の一〇%相当が前述のように利用者の自己負担となるが、残りの九〇%の半分を国と地方自治体が負担、残り半分を保険料として、その三分の一を第一号被保険者、三分の二を第二号被保険者が負担する。

この介護保険制度が誕生したのは、まだ十年余り前、二十一世紀の人口でのことであった。当時としては、社会全体としては思わぬ制度の誕生である。政府としては、ある意味でようすを見ながらこの保険制度をスタートさせたのだ。

しかし、発足してみると、予想外に歓迎されたのである。思いのほか国民に利用されるようになった。私的介護から社会的介護へという、時代の流れの変化に乗ったからである。だが、同時に、このことは即保険財政の収支逼迫《ひっぱく》をもたらした。

これが、次の二つの面で表れている。

第一に、介護士への資金の支給額が、その仕事の厳しさにもかかわらず低過ぎる問題である。若者が介護の仕事をしていると、結婚もできなければ、無理して結婚しても、とても子どもは育てられないというのだ。この不景気なときに、必要な数だけの介護士が集まらない。施設などでようやく採用しても、しばらくすると辞めていってしまう。

一方、第二に、高齢である第一号被保険者からいうと、唯一の収入である年金から、この介護保険料や医療保険料が天引きされていく。デフレ下で年金額はほとんど変わらないのに、保険料の方はどんどん引き上げられていく。東京電力管内では電気料金も値上げされたし、そのうちに消費税も増税になるという。

第二号被保険者の立場からいえば、介護の世話になるのはまだずっと先なのに、保険料だけは、どんどん引き上げられるという思いだ。

これが、生活者として国民の実感である。だが、そうであるからといって、この介護保険制度を否定するつもりは全くない。要介護度の認定制などを含むこの制度により、介護の分野においても、私的介護から社会的介護への流れが明確になったからである。この制度の誕生がなければ、まだ家族制度の残る地方は別として、核家族化の進んだ都会では、いまごろは介護の問題がもっと混乱しているのではないか。

ここで、介護の前提になる人生について、ひとこと言及しておきたい。

介護には、老人ホームのような施設介護と在宅介護とがある。老人ホームといっても、その内容はさまざまだが、一般論でいえば、それは余生を送る高齢者の閉ざされた社会である。外部からの刺激といえば、家族の訪問しかない。

このような環境に置かれると、人は毎日「生きていること」だけになってしまう。一日中、車椅子に腰かけて天井をながめているだけになるのだ。せっかくの人生、もう少し積極的に「生きていくこと」はできないのか。社会福祉の先進国北欧では、近年、施設介護から在宅で自立する時代へ移行しているという。「生きていくこと」を求めているのだ。

この日本でも、団塊世代が十年後には後期高齢化を迎えるに当たり、政府が在宅介護ということを言い出した。もとよりそれが可能か否かは個人差の大きな問題ではあるが、私は、方向としては非常にいいことであると考える。

ただそのためには、この日本では家屋の改修、バリアフリー化から始まって、道路などにも手を入れなければならない。さらに、次の章で説明するが、地域共同社会で、ＩＴを活用した介護のシステムを立ち上げる必要がある。多分、施設での効率的な介護よりも、地域単位の在宅介護の方が、コストは割高につくであろう。

しかし、それでも、人生の晩秋期を前向きに生きていく社会にしたいものである。

以上、介護制度について、夢も交えていろいろと述べた。これもまた、現状の公的保険制度では支えきれない。それがどこまで市場原理の働く民間経済に組み込まれる話かではあるが、いずれにせよ追加的な財政資金も必要とすることになる。

地球新時代の中間層型社会

日本は、生活のゆたかさにおいて、いま世界の中でどのように位置づけられるのだろうか。その一つの指標として、主要先進国の代表的存在である、いわゆるG8サミット参加国について、一人当たりGDP（国内総生産）を比較してみた。その結果は、日本は米国、カナダに次いで三位である（一〇年）。

米ドル換算比較という問題はあるが、英国以下欧州主要国よりは上なのである。日本の上に北欧やスイスという国ぐにもあるが、これらも含め、日本はゆたかさ（一人当たり経済力の大きさ）においては世界最上クラスの一国と考えていいだろう。

それでは、現実に一人一人の暮しはどうか。次の表現には異論があるかもしれないが、私は、日本は格差の少ない国であると考えている。大金持ちも貧困者も、全くいないわけではない。経済活動で財を成した人もいれば、不幸にして生活保護の必要な世帯もある。しかし、感覚的な話になるが、それらはせいぜい人口のパーセンテージの一ケタの下の方ではないか。

この程度の大金持ちを認めなければ、資本主義は成り立たない。生活困窮者は、福祉国家として国の制度で救済することになる。

以上は、これからの話の前提であるが、それでは、この前提のような国であるにもかかわらず、近年、なぜ自分たちの生活にゆたかさを感じない人が増えてきたのか。多くの国民が、その将来に不安を感じるようになったのか。

その理由は、大きく分けて二つある。すなわち、第一に地球新時代に入ったからであり、第二に、わが国が少子高齢化社会であるからである。

まず、第一の地球新時代から入ろう。地球新時代を迎え、この地球上で文字どおり経済のグローバル化が進み、ＩＴ化が進んだのである。その過程で、すでに見たように、新興国以下発展途上にある国ぐにの経済が目覚ましく進歩した。それは中心となる経済が農業段階から工業段階へ進むものである。

ところが、これは日米欧を問わず先進国に共通した状況だが、この工業段階で、追ってきた後発国と競合することになる。先進国の中で東アジアにあり、特に製造業を特技としてきた日本に、この現象が顕著に表れた。

日本は、この期間、大きく発展する東アジアを支援してきた。東アジアに生産拠点を築き、資本や技術や雇用の移転をおこなってきた。だが、この結果、この国内で工業の雇用が衰退し、その条件を低下させることになった。このことが、今日、国民の社会生活に大きく影響を及ぼしている。

日本は、ここで本来であれば工業段階に次ぐポスト工業社会を発展させなければならない。ところが、次のような理由でその推進力が弱い。

ポスト工業社会の主力産業の一つが情報産業であり、その産業技術がＩＴである。このＩＴについては、日本は、工業の一環としてハードウェアは得意とするが、ソフトウェアは米国ほどすぐれた力量を持っていないようである。

もう一点、ポスト工業社会に関していえば、日本はつい十年前まで、社会主義国よりも社会主義的と揶揄《やゆ》されるほど規制の厳しい国であった。このことが、情報をはじめ教育、医療、介護などポスト工業社会の関連産業の発展を遅らせてしまっている。そのための社会制度や人材の準備ができていない。工業で減少した雇用の受け皿がないのである。

日本がモノづくりの技術を特技とすることはいっこうに問題ないが、そこにとどまるうちは、日本経済のもう一段高い発展は期待できない。そうであれば、あの高度成長時代のような将来に夢のある中間層型社会を実現することはできないのではないか。

次に、第二の少子高齢化社会に入ろう。少子高齢化社会であると、なぜかつてのようにゆとりのある中間層型社会ではなくなるのか。順序が逆になるが、高齢化社会では、社会全体の社会保障負担が非常に重いのと、そのうえ少子化では、社会の将来の展望が暗くなるからである。

ここでいう高齢化社会とは、国の通常の社会構成よりも、高齢者の比率が大きいことを指している。すでに見てきたように、国の財政において、高齢者に要する社会保障負担は非常に重い。したがって、高齢社会というのは必然的に大いなる社会保障負担を抱えた社会である。社会の中堅を構成する現役は、その生活で、とても余裕のあるゆたかさは感じられない。

それに加えての少子化社会である。すでに述べたように、少子化社会とは地獄をのぞくような話である。

団塊ジュニア世代は、社会保障の面ですでに親の世代、すなわち団塊世代と世代間格差を強く感じている。しかし、少子化が本格化したジュニア世代の次の世代は、どうなるのか。実はこれもジュニア世代自身の問題なのだ。長引く出生率の低下で、自分たちを支えてくれる次の世代が、世代の体を成さなくなるからである。

団塊ジュニア世代は、すでにこのことに気づいている。これは、社会保障制度の持続可能性、サスティナビリティなどという簡単な問題ではない。まさに、これは国家存亡の危機であるのだ。

質実な生活を実現しよう

この章で書いたことの総括をしておきたい。この章のタイトルは、中間層型社会を再現できるか、というわかり難い表現である。要するに、かつてのようにほとんどの日本人が足元の生活水準をそそこに満足し、将来の生活に大きな不安を抱かないような社会は再現できるであろうかという問いかけである。

答えは、ノーである。

私も含めてだが、かつてシニア世代がそのような時代を体験できたのは、一つには日本が高度成長期にあったからであり、もう一つには戦後生まれの頼りがいのある団塊世代が存在したからである。

思えば、それは日本の黄金時代であった。しかし、今日、その二つの基本的条件は消え去り、再び戻ってくることはない。したがって、あの中間層型社会をそのまま再現することはできない。

だが、ここで本書を終わるわけにはいかない。そこで、どうするかである。三点ほど簡潔に述べたい。

第一に、少子化対策を急ぐべきである。これは喫緊の課題である。

すでに述べたように、第三子以下の子どもには手厚い養育手当てを出すべきである。合計特殊出生率をせめて一・七に押し上げたい。このまま一・五以下であれば、それで日本は終りである。

この日本列島は、八千万人くらいがちょうどよいという意見がある。その考え方に私も反対ではない。しかし、このことは時間をかけて徐々に実現しなければ、その間に社会組織がもたなくなる。そのためには、一・七でもじゅうぶんではないだろう。だが、後述するが、そこはロボットの発達でつなぎができるのではないかと考えている。

第二に、消費税率をせめて欧州主要国並に近い水準、二〇％まで引き上げよう。すぐ三年後にとは言わない。十五年かけてでもいい。わが国一人当たりＧＤＰは彼らと同じ程度であるので、日本人は耐えられると思う。なお、その前提として、社会保障制度の改革にも手をつけよう。先端産業の発展を促すためにも、この分野には市場原理を導入したい。読者に反対は多いかもしれないが、高齢者の延命医療には、公的医療保険は不要であると思う。

第三に、これを機会に、質実な生活を実現したい。

他国との生活の比較は容易ではない。例えば米ドル換算で比較しようにも、為替レートはある期間でかなり変動するものであり、そもそも生活文化のあるものを単一通貨で比較することは無理がある。ここで言いたいことは、日本と欧州主要国とは、一人当たりＧＤＰで見てほぼ同水準にあるのであるから、日本人も彼らと同じ二〇％程度の消費税を払うべきではないか、ということである。

いまでも生活は楽ではないのだ。二〇％ではもう一段厳しくなるであろう。そこは工夫して、物質的には多少苦しくても、精神的にはゆたかさを感じるような質実な生活を実現できないであろうか。

第10章　政治は地域主権確立の時代へ

これまで政治は何をしていたのか

最後に、ポスト工業社会時代の政治を考えておきたい。

わが国は、明治維新を契機として近代国家になった。したがって、政治も経済も戦前にそれなりの歴史を有する。しかし、ここでは、ポスト工業社会に焦点を当て、これからの政治を考えるために、政治も経済も終戦時から出発する。

政治、経済ともに、終戦直後のいわば助走期間があった。すなわち、政治にとっては一九五五年、後にいわゆる五五年体制と呼ばれるようになった、その五五年までがそれである。おおむね吉田茂首相のワンマン時代であった。経済面では、五六年、経済白書が、「もはや戦後ではない」と宣言した。

この五〇年代後半に始まる経済成長時代が、日本の工業社会化時代の中心である。おおむね、九〇年代のバブル崩壊期まで続く。その前半が、いわゆる高度成長期であった。後半は、二度にわたる石油危機に対応し、日本がマイクロ・エレクトロニクスを取り入れ、その工業技術力を一段と高めた時代とその延長線上のバブル期である。

一方、自民党が政治の主導権を握り、左翼系政党がこれを追尾する五五年体制は、九三年、自民党が衆議院選挙に大敗することにより、一応終焉した。この体制は、本来、終戦直後の急進的左翼運動に対し、資本主義対社会主義の健全な社会体制を築くところに狙いがあったと考える。

さて、このように見てくると、日本国内で一部の過激な労働運動は別にして、政治思想で激しい対立があり、あるいは政策の選択で与党（自民党）内に確執があったわけではない。一方、野党（左翼政党）も、与党と正面から政治思想で論争する力は持っていなかった。折しも、五五年体制終結時には、東西冷戦も終結し、彼らは思想的基盤まで失ってしまった。

実は、この五五年体制時代に、経済政策に関連し政治にとり一つの大きな転機があった。しかし、政治も国民も、この転機を見落とした。それは、七五年、福田赳夫副首相主導のもとで特例公債法が制定されたころのことである。戦後の赤字国債時代に入ったのだ。

それまでは、例えば社会福祉政策でも、官僚が思いのままデッサンを描き、政治家はその上に乗っていればよかった。しかし、この七五年、すなわち昭和五〇年代末に日本の高度成長時代は終わり、財政も厳しい時代を迎えたことを、国民は強くは意識しなかった。本来であれば、この時点で日本は新しい時代へ向けたしっかりした国のデザインを描くべきではなかったのか。

五五年体制が終結したのが前述のとおり九〇年代前半。そして、政権交代が実現したのが現在から三年余り前。考えてみれば、その間十数年間、政治（自民党時代）はいったい何をしていたのであろうか。そして、それは国民に対する問いかけでもあるが、国民は何をしていたのであろうか。この間に、自民は新しい時代に向けた政治思想をもっと明快に提示すべきではなかったか。

一方、野党も、政権を取ってからは短期間であるが、その国家政策の構図に大きな欠陥を露呈した。そもそもこの政党は、一党としてのまとまりを欠いていた。

現時点では、どの政党からも、新しい時代、ここではそれをポスト工業社会時代としておこうか、その政治思想が読み取れないのである。

ポスト工業社会としての政治の方向性

ポスト工業社会の経済や社会は、これまでとどう変わっていくのか。

象徴的な例をあげると、列島中にコンビナートや石油タンクが並び、休みなく大量生産が続けられた。そして、そのコンビナートの港湾をはじめ、全国に道路網や鉄道網が張りめぐらされた。さらに、大都市、中都市、小都市が、東京や大阪には巨大都市が建設された。

工業社会時代には、これらの建設自体が巨大生産活動、すなわち経済活動の一環であったのだ。

これからのポスト工業社会時代には、これらの全部とはいわないが、高度製品の工場、生産者がこれは「モノづくり」と思う製品の工場、製品開発のための工場、無人工場などを残して、大半の生産設備が海外に移転される。

一方で、国内には各種の研究開発機関が設立される。さらに、その周辺には、大学院大学が建設される。ここには、海外から大勢の研究者や若者たちが集まってくるのだ。

これは将来の話ではない。日本は、すでにその途次に入っているのである。

しかも、これはポスト工業社会と直接的な因果関係はないが、少子高齢化の日本は、折しも人口減少時代に入った。一方で、現代は地球新時代、世界ではグローバル化とIT化が進行している。

都市にしても、すでに日本の大阪や日本の札幌ではない。世界の東京、大阪、世界の札幌、福岡なのである。すでに、現状でも東アジアという地域社会においては、ビジネス・パーソンの意識ではそうなっている。

こういう時代において、日米同盟も単なるこれまでの日米同盟ではない。例えばパリから、例えばロンドンから、この東アジアを見てみよう。あるいはアジアを見てみよう。

私たちの目でアジアから見て、欧州にはEUがあり、NATO（北大西洋条約機構）があるために政治的には安定した欧州があるのだ。同じような意味で、欧州から見て、東アジアには朝鮮半島問題はあるが、同時に日米同盟があり米韓同盟があるために、ひとまずは安定した東アジアを見ることができるのである。気になるのは、やはり中国の存在である。

ここに、このように日本の立場から、例えば経済の生産活動の変化やそれによる国民生活の変化を見ても、またこの間の世界の変化を見ても、その大きな変わりようは枚挙にいとまがない。そしてその一つ一つが、人類の歴史過程の変化にかかわるものなのだ。

わが国の戦後政治に政治思想を欠いていたことはすでに述べた。今日なお政治思想もなければ政治理念もないのである。

私は、吉田茂には平和国家と経済立国という政治哲学があったと評価する。平和国家は、敗戦時に押し付けられたものであるという。しかし、吉田は、朝鮮戦争勃発時にマッカーサーからこれを返せ（再軍備しろ）といわれた時に、彼は頑固に拒絶した。戦後政治は、今日までその延長線で走ってきている。

私は、政治家に任せずに、各界の若い世代が思いきった政治論争を進めることを期待したい。

地域主権確立をどのように実現するか

バブル景気が崩壊した時点をもって、わが国の戦後の経済成長時代が終了したとした。同時期に五五年体制も消滅した。それから、すでに十数年を経過している。

政治は郵政民営化という力仕事と政権交代というイベントはあったが、そこまでである。経済も、グローバル化とＩＴ化はそれとして国内事業に見るものはない。

そこで、ここで改めて州制導入を提唱したい。

私自身は、実はこの問題は八〇年代から取り組んでいるが、ここでは、ひとまず問題提起のために、現在時点の考え方を簡潔に述べたい。一般には道州制と呼ばれている。

私案では、日本全国を十一の州に分割する。すなわち、北海道、東北、信越北陸、北関東、東京特別、南関東、東海、関西、大阪特別、中国四国、九州である。

詳細は割愛するが、これで人口的に一番小さいのが、北海道の約五百五十万人である。この人口は、欧州へ行けばデンマークなど立派な一つの先進国である。

東京と大阪はそれぞれ特別州とした。次に述べる地域主権の確立でかなり縮小するが、日本国の首都機能をここに置く。東京が主で大阪がこれを補完する。両都市圏の大災害時には、その機能、特に行政機能につき、相互のバックアップ機構を構築したい。

もう一つ重要なことは、沖縄は東京特別州に帰属することにする。私は、たまたま銀行に勤務していた時代に施政権復帰直後の沖縄電力を担当した経験がある。それ以来沖縄には強い関心を抱いているが、この諸島は、地政学上日本にとり非常に重要な位置にある。本来、普通の州ではなく、中央政府の目の届く所にあるべきであると考えるからだ。

そこで、それにしてもなぜ州制導入なのか。

それは、第一に、ポスト工業社会時代を迎え、大きな中央政府が常時日本列島全体を管轄する時代は終わったからである。そして、第二に、経済的に、あるいは社会的に列島全体を活性化するには、これをもう少し小さい地域に分割し、それぞれに自主的な管轄権を与えた方がいいのではないかと考えるからである。

要するに、日本列島全体を前述のように十前後に分割して、自治権を強めた方がいいのではないかということである。よく使われる表現でいえば、地域主権の確立である。

州制を導入しても、憲法以下基本的法制度の画一性、外交、安全保障は中央政府の管轄とする。これに対し、経済、文化の分野は、思いきって、地域に委譲すべきである。

迷うのは、教育である。基本的には地域主権に委ねるべきであろう。しかし、私は、ぎりぎりのところ、日本としてのアイデンティティを守るところは、簡単には譲れない気がする。

しかし、良識のある日本人が自由に思考し、自由に行動する、その集合体が日本のアイデンティティであるとする考え方に立てば、先に述べた考えは、そもそもアイデンティティの定義に矛盾することになる。

読者はどのようにお考えだろうか。

二十年後には各州は財政的にも独立すべきである

さて、州制を導入しても、すぐに明日から新しい州で全面的に主権を行使するとはいかないであろう。財政がついてこないからである。経済は生き物で、それぞれの地域でさまざまな生き方をしているのだ。よくある例でいえば、ある企業の地方での経済活動の所得が、東京で発生するのである。法人税は東京で納められる。

地域主権の結果、地方での経済の姿が大きく変わっていくにしても、それがある程度落ち着くまでには経過期間が必要である。その期間を仮に二十年としておこう。二十年経過したら、各州は財政的にも完全に独立することになる。消費税率も各州まちまちになるのだ。

その間に、各州はそれぞれ国（州）づくりをしなければならない。

各州その大きさにかなり大きな差があるが、いずれにせよ州都は置かなければならない。大病院も二つや三つは必要であろう。それらを中心に中病院、小病院、さらにはクリニックまでが住民のためバランスよく配置される必要がある。

さらに、工業社会時代の工場に代わって、文教地域をどのように展開するのか。これらは、海外移転せずにとどまった高度製品の工場や製品開発のための工場の立場からいえば、彼らにとっては研究機関のある文教地域との往来が非常に重要になってくる。間違いなく（汎用ではなく）特注ロボット全盛の時代が来ると思うが、例えばこれらをつくるのは文教地域に拠点を置く学者、技術者やその周辺の若者たちなのである。

独立する州にとっては、地元産業として観光業がいっそう重要になってくる。日本列島には四季折おりの風物から東洋の歴史を語る遺跡まで随所に存在する。これらを、日本人やアジア人だけではない、欧米人にも喜んでもらえるように、いかに州内をまとめて一巻の物語に仕立て上げるかである。これは、十一の州で激しい競争になる。

そして、問題は農業である。在来型の米作を否定はしないが、もう従来の保護された農業ではない。どこまで国際市場で生き抜いていけるかである。アジアの富裕層に向けた高級果実、高級野菜の時代なのである。野菜の思いきった工場生産の時代である。そして、山から入江につながる棚田の見事な風景は、観光資源としてもぜひ残しておきたいものだ。

州内の交通網は、すでに工業社会時代に完成されている。しかし、地域主権による独立の州として、いろいろ補強されなければならないところもあるだろう。これからの高齢化時代、半日程度で往復できなければ困るのである。都市の設計は、そこまでを考えておかなければならない。

州制でいろいろな姿の地域社会づくりを

最後に、高齢者のための町づくりを考えておきたい。と言っても、町全体が高齢者用というのではない。高齢者の居住部分が、その数倍の町全体に織り込まれている状態をイメージしていただきたい。一つの老人ホームの機能が、町全体に分散していると考えればいいだろう。

この構想は、高齢者、とくに生活の自由が利かなくなった晩秋期の高齢者を念頭に置いたものである。前章でも述べたが、高齢者をただ「生きていること」から、少しでも「生きていくこと」への生活に誘い出そうとする試みなのだ。多分、大都市では無理だろう。地方都市の緑に囲まれた町を思い浮かべていただきたい。

私の頭の中では、町全体が大きな老人ホームなのである。それは、文字どおりIT（情報技術）のネットワークで構築されている。

センター機能は、ひとまず役所の一室にあるとしよう。そこでは、常時内勤の職員やケア・マネージャーが待機し、大きな画面に描き出される高齢者全体の現在状況を睨んでいるのだ。

一方、外勤の看護師や介護福祉士がどこで何をしているかも一目で分かるようになっているのである。嘱託契約のある何人かの医師も現在どこでどういう状態であるかは掌握できている。いずれも高齢者の異状発生時に対応するためである。

すでに読者もご存知のように、こういう情報網は、ITを使ってほとんど完全に組み立てることができるのだ。

各高齢者の居宅とその中の動静は、カメラやセンサーを使って全面的に観察することができる。居宅の中には、何台かのロボットが用意してある。高齢者が倒れれば、ロボットが直ちに手伝って起こしてあげるのだ。このようなロボットは、もう、かつてのテレビのように大量につくられる量産ロボットである。

定時には、手伝いのヘルパーが訪問する。深夜でも、必要があれば介護士が駆け付ける。病人が発生すれば、これもセンターの画面で感知するのだが、直ちに医者と看護師が手配される。

これほどシステム全体の感知度が高まると、高齢者のプライバシーをどのように保護するかという問題が発生する。しかし、これは通常の老人ホームの中と同じ程度と考えている。当然、介護度により差があるが、老人ホームの中では、職員や介護士は、高齢者一人一人の行動をかなり詳細に観察している。それが彼らの重要な職務なのである。

以上は、一カ所にまとめて老人ホームを建てるよりは、政府（具体的には自治体）の側にとっても取り組みやすく、また高齢者の側の活性化につながるのではないかと描いてみたシステムである。

もう一つ、このシステムとセットで考えている構想がある。拙著『老老介護』（PHP研究所、二〇〇八年）に詳しいが、ここではごく簡単に紹介させていただく。

地域の地元金融機関に、福祉センターの機能を果たしてもらおうという考えである。高齢者個人個人の家族になってもらいたいのだ。仕事は大きく分けて二つある。一つは金銭管理であり、もう一つは、身の回りの世話である。前者は、広い意味で、金融機関の仕事そのものである。後者は、役所のセンターより一歩本人寄りの仕事である。

前者について、多少説明を加えておこう。

高齢になって、仮に身寄りがいないということになると、いろいろなことが起こりうる。何しろ、本人の予想に反して、まだ三十年以上も生きるかもしれないからである。毎日、ただ食べていければいいという話ではない。

そこで、自分のこれから受け取る年金を含む全財産をリュックサックに詰めて国に預けるのである。今後の待遇内容に、松竹梅程度の差が付くことくらいはがまんしよう。梅にも届かなければ、残念ながらこの制度は利用できない。

一度国に預ければ、その後インフレがあろうと大災害があろうといっさい関係なく、何年後であっても国がきちんと天国まで届けてくれるのである。

当然この構想を実現するためには、特別の法令でその制度を準備しなければならない。いずれにせよ、孤独な高齢者が一番困るのは、この金銭の問題である。金融機関は、一歩踏み込んでこのことを支援してもいいのではないか。

こういう課題を、例えば十年余り前に制定された任意法定制度など現行法制度を前提にして、現在の金融機関の目線だけで実現しようとしても無理だろう。国家レベルの問題として取り組まなければならない。

以上、州制導入を前提に、地域社会づくりのいろいろな姿を考えてきた。残念ながら、現在、欧米先進国も沈滞している。この機に州制導入に本格的に取り組むことは、日本自らの活性化とともに、欧米経済にも一つの大きなインパクトを与えることになるのではないか。

エピローグ

伊藤憲一

二〇一二年の年の瀬も押し詰まった十一月二十四日に、吉田春樹さんは絶筆となった遺著『日本の進路――混迷する地球新時代』の原稿を未完成のまま、幽界へと旅立たれた。

吉田さんは東西冷戦を「第三次世界大戦」であったと捉えるお立場から、その後の人類全体の歩みを「地球新時代」という言葉で表現しておられた。吉田さんは「ベルリンの壁」の崩壊の翌一九九〇年に、すでに東洋経済新報社から『地球新時代　日本の構図』を出版され、その後の時代の大きな流れを予測しておられたが、それらのご指摘はその後いずれも的中し、歴史を読む吉田さんの眼力の鋭さに、私などは驚嘆していたものである。

そのような中で、吉田さんが「あれから二十有余年が経過した。その後の変化を踏まえて、さらに先を読む続編を書きたい」と言って、最後の力を振り絞って取り組んでおられたのが、この遺著『日本の進路――混迷する地球新時代』であった。吉田さんは、何回か入院され、そのたびに医者からは相当厳しいことを言われながらも、いつもケロッとして退院され、日本国際フォーラムの会合などに現れたときのお顔色などを見ると、つやつやしていて、まったく病人には見えなかったので、今回も「またすぐ退院されるのだろう」と、勝手に楽観していたのだが、今回は不帰の客となってしまわれた。

この事態を予期されたのかどうか、吉田さんからは七月三日に私あてに直接電話があり、「自分の生きているうちに最後の著書を出版したいと思っている。題名は『日本の進路——混迷する地球新時代』を考えている。これをできれば『日本国際フォーラム叢書』の一冊として、たちばな出版から出版したい。ある程度書き溜めたメモ書きのようなものはあるので、近く具体的なことを相談する」とのことであった。

それから五カ月たらずの間に、吉田さんは病躯に鞭打ちながら、本書の九割以上の部分の原稿を完成しておられたわけで、本書に懸ける吉田さんの思いの強さが偲ばれる。そのことを知った関係者一同は「これは、なんとしてでも、出版にこぎつけたい」ということになり、そのような分担作業のなかで、私はこの「エピローグ」の部分の執筆を引き受けることになった次第である。

と言っても、「日本国際フォーラム叢書」の一冊として出すことが決まっていたからというだけの理由では、私が「エピローグ」を執筆することは、正当化されないであろう。じつは、私は吉田さんと、日本国際フォーラム政策委員会の委員長と副委員長として、二〇〇一年六月より十数年にわたり一緒に仕事をしてきた間柄であり、日本国際フォーラム政策委員会がこれまでに発表してきた多くの政策提言について、二人はほとんど共同執筆者の立場にあったという事実がある。少なくとも吉田さんと私の間柄は同志的関係であって、私は吉田さんの「地球新時代」や「東アジア経済共同体」の共鳴者であり、吉田さんは私の「積極的平和主義」や「不戦共同体」の支持者であった。私は、吉田さんの政治、経済、歴史に関する観念をその全体像において最も深いところで理解し、共感していたつもりであるが、吉田さんも、私について同様の理解と共感をもってくださっていたものと確信している。

そのことを、ここでは、吉田さんご自身の言葉で語ってもらおう。日本国際フォーラムはその設立二十周年の二〇〇七年にあたり「記念文集」を出したが、そこに吉田さんが「世界の潮流が大きく変わる時代」と題して寄稿してくださった一文があるので、それを左記に紹介する。

世界の潮流が大きく変わる時代（設立二〇周年　記念文集と歩みより）

吉田　春樹

一九八七年の初夏であったと記憶します。私の古巣である日本興業銀行で、役員が懇談しているおりに、中村金夫頭取が、「あの会は発足したばかりなのに、私財を二億円も出捐《しゅつえん》された服部一郎さんが急逝されてしまって、これからどうなるだろうか」と、ぽつりと心配そうにつぶやかれました。あの会とは、言うまでもなく日本国際フォーラムのことです。これが、私にとって当フォーラムの存在を知るきっかけでした。

ここでは職場の先輩に敬語を使わせていただいていますが、その中村さんご自身が、すでに故人になられてしまいました。中村さんは、姿勢の正しい国際派バンカーのお一人として評価されていましたが、多分、今ご存命であれば、二十周年を迎えた日本国際フォーラムの今日のこの姿を、非常に喜んでいただけたのではないかと残念です。

実は、私自身が日本国際フォーラムの会合に直接出席するようになりましたのは、その四年後、和光経済研究所に転出してからのことです。正直なところ、その後、伊藤憲一さんがリーダーシップを発揮して運営される各種研究会に魅せられて、このシンクタンクに段々と深入りをしてしまいました。自らの能力を超えて、政策委員会の副政策委員長をお引き受けしたり、第二十三政策提言「東アジア経済共同体構想と日本の役割」のタスクフォース主査を務めさせていただいたりしています。

考えてみますと、戦後の約半世紀の東西冷戦、それはそれなりに明快な時代でした。しかし、日本国際フォーラムが誕生した前後のソ連のペレストロイカに始まる冷戦の終結、その後の短いポスト冷戦時代、そして二十一世紀を迎えてからのもう一つの新しい時代と、当フォーラムの歩んだ二十年は、世界の潮流が大きく変わる時代であったと思います。そして、私は、これからの世界はますます混沌の度を深めていくと読んでいます。

私の人生を、社会人になるまでと、銀行生活で主に営業部門や営業企画部門で仕事をしたその大宗と、終盤の調査部門勤務やその後の各種シンクタンクとのかかわりと、大きく三つに分けて、その三番目が、偶然に当フォーラムの歴史と重なります。私は、このシンクタンクの一メンバーであることを誇りに思うと同時に、もうしばらく、仲間の一人として勉強させていただきたいと願っています。

（参与、吉田経済産業ラボ代表）


ということで、私が吉田さんの遺著『日本の進路――混迷する地球新時代』の「エピローグ」の筆を執っていることについて、ある程度のご理解とお許しをいただければ幸いである。

さて、そのような経緯を背景として、私と吉田さんが日本国際フォーラムの政策委員長と副政策委員長として文字通り心血を注いで世に問うた最近の政策提言、つまり、第三十一、第三十二、第三十三、第三十五、第三十六提言の五提言および発表時点はやや遡るが、吉田さん自身がタスクフォース主査として自ら起案の筆を取られた第二十三提言について、それぞれの主要部分をここに紹介したい。吉田さんも私も基本的に「日本は、鎖国ではなく、開国によって、世界あるいは地域と協調しながら、平和と発展を追求しなければならず、それは可能である」との立場であるが、左に紹介する六つの政策提言は、いずれもそのことを説いたものであって、それを紹介することは、吉田さんの遺著『日本の進路――混迷する地球新時代』の掉尾を飾るにまことに相応しいものと考える。

第二十三提言「東アジア経済共同体構想と日本の役割」(二〇〇三年六月)
第三十一提言「グローバル化の中での日本農業の総合戦略」(二〇〇九年一月)
第三十二提言「積極的平和主義と日米同盟のあり方」(二〇〇九年十月)
第三十三提言「外国人受入れの展望と課題」(二〇一〇年十一月)

第三十五提言「膨張する中国と日本の対応」（二〇一二年一月）
第三十六提言「グローバル化時代の日本のエネルギー戦略」（二〇一二年六月）

○第二十三提言「東アジア経済共同体構想と日本の役割」

この政策提言は、東アジア各国・地域に、東アジア経済共同体（Economic Community in East Asia＝略称ＥＣＥＡ）の創設を呼びかけると共に、世界に向けて、このことに対する理解を求めようとするものである。なかでも日本国民には、日本がこの構想を積極的に推進する立場にあることを強く訴えたい。

世界の生産基地と呼ばれる東アジアは、すでに工業発展の過程で、日本を中心として相互に密接な経済関係を深めてきた。欧州連合（ＥＵ）の拡大深化、米州自由貿易地域（ＦＴＡＡ）の誕生という世界のリージョナリズムの流れの中で、東アジアにおいてもすでにさまざまな自由貿易協定（ＦＴＡ）締結やチェンマイ合意などの動きがあるが、これらをひとつの理念と目的で統合することは、経済合理性にかなうものである。

すなわち、この東アジアを一つの経済圏と認識し、経済共同体を創設することは、①共同体参加各国・地域の一層の工業発展に資すると共に、②その参加各国・地域の資本移動の活性化と通貨の安定にも寄与するものであり、③二十一世紀に人類が一層取り組まねばならない新しい課題である環境問題やエネルギー問題などに対し、国を超えた広域経済圏としての対応を可能にするものである。

経済共同体の創設による人と情報の交流の活発化は、共同体域内の新しい文化の創造をもたらすであろう。私たちは、ＥＣＥＡが究極的には東アジアの繁栄と平和を実現するものであり、同時に、このことが世界の繁栄と平和の推進に貢献するものであることを確信する。

ＥＣＥＡの基本は、世界貿易機関（ＷＴＯ）体制に準拠し、その枠内でＦＴＡを内包するものである。同時に、域内の農業改革、工業規格や情報通信規格の統一、主要資格や基準・認証の相互承認、労働市場の開放など幅広い協力関係の構築を目指し、各種の資本市場、金融市場の協力を経て、経済共同体としての最終的な姿を単一通貨の創造に求めるものである。

東アジア経済圏は、世界人口の約三分の一に相当する二十億人の人口を擁する。この経済圏は大部分がモンスーン（季節風）地帯に属し、多くの国が長い海岸線を有して、歴史的に農林水産業への依存度が高い。この経済圏に共通した文化的要素はないわけではないが、欧州ほど成熟した共通の基盤を有しているわけではない。ほとんどすべての国・地域がかつて帝国主義諸国の植民地、半植民地として苦しんだ中で、日本だけは逆の立場に立った過去がある。このように域内各国・地域の歴史は極めて多様である。

ＥＣＥＡは、一方でこのような東アジア経済圏の特殊性を認識しつつも、他方それゆえにむしろ二十一世紀を展望し、農林水産業、地球環境、エネルギー等の挑戦に応える、未来志向型の経済共同体でありたい。目標は当然経済水準の向上にあるが、東アジアの特殊性を踏まえ、多くの人びとの生活の基盤である、郷や村を大切にした開発の推進に努めるべきで、工業化とそのための市場主義の導入が唯一の目的ではない。このような意味で、このＥＣＥＡは、自然環境を生かした人間性豊かな理想郷を実現する経済共同体でありたい。もちろん、それは世界から孤立するのではなく、世界に開かれた共同体である。

第二次世界大戦後日本は、この経済圏内の国・地域と長年にわたり、特に東南アジア諸国連合（ＡＳＥＡＮ）の一部の国とは四十年以上にわたり、民間ベースあるいは政府開発援助（ＯＤＡ）を通じて、資本、技術を含む深い関わりをもってきた。今後はこの実績を踏まえ、すでに述べたように単なる工業化を超えた地域社会発展のために、ＥＣＥＡの設立、発展に向けて全力を傾注すべきである。このことは、日本にとっても、二十一世紀の理念と新しい進路を切り開くものである。

もとより、この経済圏は、一部の国・地域を除き、地域全体としては経済発展途上にあり、国・地域間でのその発展段階の差も大きい。このことに加え、現在、日本などいくつかの国が困難な経済・財政問題を抱えている。これらは、時間の経過の中で挑戦していくべき課題であり、相当な覚悟が必要であるが、克服は可能であると考える。

ＥＣＥＡの実現のために不可欠なのは、参加各国・地域の政治家など各界の指導者の明確な意思と強力な指導力であり、それを盛り上げる、官民双方の多層的、多角的な域内交流である。日本は、ＥＣＥＡの実現のために自らの行動が極めて重要であることを理解すべきである。

以下、ＥＣＥＡの具体的内容、その実現の手順について、十五の提言を行う。

政策提言

一、ＥＣＥＡの創設と米国等域外との協力関係

1. 東アジア諸国・地域は、二〇〇五年に東アジア経済共同体の設立構想を条約案にまとめ、その理念を世界に発信しよう

2. ＥＣＥＡ発足の先導役として、日本、韓国、シンガポールは、二〇〇五年に東ア

ジア自由貿易地域を創設しよう

3. ECEA条約の発効年を二〇〇七年とし、この時までにECEAの本部機関となる東アジア機構を創設せよ

4. 中国はECEAで主導的な役割の一端を担うことが期待されるが、同国にそのための体制整備を急ぐことを呼びかけたい

5. ECEA参加各国・地域は、個別に締結しつつあるFTAを二〇一五年までに統合し、同時に関税同盟を結成しよう

6. ECEAはアジア太平洋経済圏の一環としてAPEC諸国との協調が重要だが、特に米国には積極的協力を呼びかけよう

二、産業・環境・エネルギーなど

7. 農業など生活基盤となる産業については、ECEA域内に農林水産センターを設置し、協力して近代化を推進しよう

8. ECEAは、環境開発会議を発足させ、開発途上国と先進工業国の二面性をもつ環境問題に経済圏として挑戦しよう

9. ECEAは、エネルギー機構を創設し、エネルギーの安定供給、安全確保に域内

で協力して取り組もう

10. ECEAは、産業技術開発センターを創設し、IT産業を核とする新たな産業基盤整備に協力して取り組もう

11. 経済社会の基本的制度につきECEA域内の共通化を進め、ヒトとモノに関する主要な資格、基準の相互承認を推進せよ

12. 社会通念の共有を前提に人の交流の自由化、なかでも先進国・地域の労働市場の開放は、ECEA完成に向け必須要件だ

三、投資・通貨など

13. ECEA域内の資本市場、金融市場の共通化を進め、アジア通貨建て債券の発行等域内投資の活性化を促進しよう

14. ECEA域内の通貨防衛のために通貨協力本部を設置して相互援助体制を確立し、将来的には通貨基金の創設を展望せよ

15. 東アジア単一通貨誕生の目標年次を二〇二五年とし、その実現に日本、韓国、シンガポールと中国が主導的役割を果たせ

○第三十一提言 「グローバル化の中での日本農業の総合戦略」

世界の農業を巡る環境が激変しつつある。米国発の世界的金融危機が発生する直前まで、新興国の所得増大を背景にした食料需要の増加とバイオ燃料需要の急増が、穀物をはじめとする食料価格の高騰を招き、世界の各地で食料不足から暴動が起きたりした。その後、世界的な金融危機によって各国の経済は悪化し、食料需要も後退したため、国際穀物市場も落ち着きを取り戻している。しかし、食料需要は構造的に変化しており、世界の食料供給体制の見直しが不可欠であることに変わりはない。

国際的な食料危機が叫ばれた最中でも、日本農業はそうした国際市場の変動とはおよそ無縁な展開をした。世界の各地で不足し、暴動まで起きたコメは減反で生産を抑制し、世界が食料難にあえいでいる中、日本では三十九万ヘクタールの農地が耕作放棄されている。高関税政策により日本の主要な農産物は国際市場から隔離され、日本国内のみの都合でしか動かない。しかも、国内市場には多くの政策が介入しており、市場価格が必ずしも国内需給を反映したものにはなっていない。

また、日本の地域経済は疲弊が激しく、地方の方が都市より早いテンポで高齢化が進み、過疎化が著しい。多くの地域が農業に基盤を置いており、農業の活性化こそが地方経済をよみがえらせる原動力となるはずであるが、産業としての農業が活用されていない。

これらは日本の農業が国際的にも国内的にもその能力を十分に発揮できていないことを意味する。国際的食料不足に対しては地球規模での農業資源の有効活用が求められており、国内の農業者は国際動向に照らし、いかに対応すべきか、ビジネスチャンスを生かす機会を与えられるべきであろう。さらに、農業は地域経済の中心として工業や商業との連携を深め、活性化の道を探るべきである。日本の農業者は技術的にも能力的にも優秀であり、経営センスにも長けている者が多い。問題はそれを生かす機会が限られていることである。

食料価格の変動が食料危機の様相を呈し始めた頃から、国内的には食料自給率の向上や消費の国内生産物へのシフトなど、農産物貿易の縮小を指向した内向きな議論が多くなったが、むしろ、このような農業への国際的関心の高まりは日本農業をグローバル化する好機であり、そのための体質強化に取り組む絶好のチャンスと捉えるべきであろう。

これまでもWTOやFTA／EPAなどの国際交渉で農産物の市場開放を迫られ、農業団体はその都度国内被害の大きさを訴えて、抵抗してきた。その意味では農業はグローバル化の犠牲者と見なされ、国際化推進の抵抗勢力との印象を与えてきた。また、国際的にも農業保護へのこだわりが足かせとなって、日本はWTOやFTA／EPAの交渉でリーダーシップを発揮することができない状況であった（日本と同様の立場にある先進国は、スイス、ノルウェーなどごく少数に過ぎず、交渉では「孤立」しがちである）。しかし、今日の農業は大きく相互依存経済の中に組み込まれており、グローバル化への対応の遅れは農業の停滞につながることを認識する必要がある。その意味で農業のグローバル化は避けて通れない道であった。昨今の世界の食料問題はそのことをより強く意識させるきっかけを与えてくれた。

今日の世界の農産物市場の動向は、日本の農業を「守る農業」から「攻めの農業」に転換するチャンスを与えている。本政策提言はそのような立場から、日本の農業政策の転換を呼びかけるものである。なにより国内の農業資源の有効利用を図るため、農地制度やコメの減反政策を抜本から見直し、食料生産の増大を促し、国際市場とのリンクを通じて世界の食料問題や環境問題に貢献できる農業を構築することを提言する。その基本は農業者に生産性の向上や規模拡大、経営能力の向上などへのインセンティブを与えることである。これまでの農政は全国一律的対応が多く、特に経営マインドの高い農業者はその能力の発揮を阻まれてきた。長く続いた価格支持政策やコメの生産調整などがそれである。

技術的にも経営能力も高い農業者は日本農業の資産であり、こうした人材を活用することが日本農業成長の鍵である。そのために大胆な規制緩和と規模拡大に誘導する支援措置が必要となる。今日の農地制度が農地集約を阻害している面は否めず、それを取り除くことが望ましいが、全面的規制廃止ではなく、例えば全国農地の三分の一を対象に利用を自由化し、重点的に規模拡大と農業投資を支援する「食料基地」構想を提案する。それは全国一律農政から脱却して強い農政、攻めの農政に転換することでもある。

食料の国際価格の変動は、内外価格差を認識する契機となり、輸入農産物との競争条件を整え、差別化した農産物の輸出戦略を構築するチャンスと見なすべきである。

また、消費者が輸入食品への不安から国内農産物に回帰する心理にあるとすれば、それに応えるための方策は国内市場でも新たに付加価値を生むであろう。ただし、国内農業の見直しは農業保護の単なる復活であってはならない。環境の変化の中で生き残る農業のあり方が求められているのである。

一方で、農業は多様な魅力を持つ産業である。食料生産だけでなく、農場で働くことが生き甲斐になったり、農場・農村風景が絵になったり、協同農作業が地域を活性化したりする。しかし、それらの機能を真に活かすためには農業が産業として自立していることが不可欠である。また、農業の魅力が単に食料を生産することだけでなく、そのプロセスや副産物にもあるとするならば、国民的視座に立った農政という観点から、都市住民との連携を図り、そこに新たなビジネスモデルを構築することも可能であろう。

日本は資源の限られた国であり、特に土地は希少である。農業に農地は不可欠であるが、その農地をはじめ農業資源を社会的に有効活用しなければならない。すなわち、農業のあり方を考える場合、国民全体で農的資源をどのように利用・活用できるのか、徹底した議論が必要である。農業を農業者や地方のものとして捉えるのではなく、国民の共有資源としてそのあり方を考えることがこれからの日本農業の方向を決める。いわば、これまで他の先進国にはなかった新しい日本農業のあり方を戦略的かつ総合的に考えていくことが本提言の狙いである。

政策提言

一、日本農業の基本的構想

1. 日本農業を成長産業として捉え、世界市場に進出せよ
2. 食料安定供給のため国内に二十一世紀型食料基地を構築せよ
3. 農地の利用は国土全体の利用計画の中に位置づけ効率的利用を図れ
4. 地域の活性化に農業を活用せよ
5. コメの減反政策を抜本的に見直せ
6. 食料の安全保障は日常の安定供給と有事対策の両面に対応せよ
7. 世界に開かれた日本農業をめざせ

二、中長期的に推進すべき具体的施策

8. 食料基地は一五〇万haを想定し、一〇〇ha規模の農業経営体一万を核とせよ
9. 食料基地は、農地利用を自由化した「経済特区」とせよ
10. 生産刺激的融資策を導入し、優秀な経営者には融資返済免除措置を設けよ
11. 農地と周辺環境のあり方を検討する土地利用計画を導入せよ
12. コメ生産一二〇〇万トン体制に向けて減反廃止の工程表を作成せよ
13. 国民の経済的安全保障を担う省庁横断的組織を首相官邸に設置せよ
14. 日本の農業技術を世界の食料問題の解決に活用せよ

三、緊急に対策をとるべき施策

15. 農地移譲を条件に、撤退する農業者の早期離農を助成し農地集積を図れ
16. 農商工連携で農村に新たな雇用機会を創出せよ
17. 定年退職者の就農支援と多面的機能維持の納税・寄付制度の創設を
18. 若年層を中心とした農産物輸出の実務者育成を支援せよ
19. コメ減反廃止を前提に生産数量割当の取引市場を創設せよ
20. 外国人農業労働者五万人を正規技術労働者として受け入れよ

○第三十二提言「積極的平和主義と日米同盟のあり方」

世界に占める日本の立場は、この半世紀余りの間に「被占領国」日本から「経済大国」日本に大きく様変わりしました。世界も「冷戦時代」から「ポスト冷戦時代」を経て、「ポスト・ポスト冷戦時代」へと大きく変遷しました。この間の日本は、日米同盟に守られる軽武装・経済発展の路線（しばしば「吉田ドクトリン」と呼ばれました）を選択し、自衛隊をイラクやインド洋に派遣したのも、それは米国の要請があったからであり、それが他の対応よりも「コストがより安く、リスクがより低かった」からでした。

このような日本の受け身の対応は、国際社会においてもはや通用しなくなっています。私たちは先入観念なしに、新しい日本の選択肢を考えなければならない段階に到達しています。問題はむしろ、私たちは「吉田ドクトリン」に取って代わる新しい「ドクトリン」を用意することができているか、ということでしょう。私たちがそのように考えて、この提言を発表する最大の理由は、もちろん米ソ二大陣営の対立する東西冷戦状況の消滅とその後の国際情勢の根本的な変化です。

ソ連崩壊後、東側「共産主義圏」は解体され、西側「民主主義圏」の政治・経済システムが世界的に拡大しました（いわゆるビッグ・バン現象）。「民主主義圏」とは、なにか。それは、経済的にはコメコン体制（社会主義計画経済体制）と対抗してきたブレトンウッズ体制（自由主義市場経済体制）でしたが、政治的にはワルシャワ条約機構（ＷＴＯ）や中ソ同盟と対峙してきた北大西洋条約機構（ＮＡＴＯ）や日米同盟でした。それは外見的には対外同盟の形を採っていましたが、本質的にそれ以上に重要であったのは、それが内部的に戦争を放棄しあった「不戦共同体」を形成していたことでした。

「プラハの春」を戦車のキャタピラの下に鎮圧したＷＴＯの「抑圧共同体」的体質と比較してみれば、そのことは自明でしょう。そのような「民主主義圏」の体制が世界を主導する体制となったことこそは、冷戦の終焉の最大の意味でした。米国を中心とする「民主主義圏」諸国の主導のもとで、世界中の人々が国境を越えて自由に往来することのできる「グローバル・コモンズ（国際公共空間）」が確保、拡大され、ヒト、モノ、カネ、情報が自由に交流するようになりました。それが今日の世界と日本の平和と繁栄の基礎になっています。そのような冷戦終焉後の世界において、日本は幸運にもこの体制の不可分かつ中心的な一部を形成することになりました。

日本人はその事実の重みに必ずしも十分に気づいていませんが、この天与の事実を原点に据え、この「不戦共同体」体制の強化と拡大に努めることこそが、日本の根本的な国益に適っています。そのことを認識して、日本は初めて「吉田ドクトリン」に代わる新しい「ドクトリン」を持つことができます。しかしながら、冷戦終焉直後の世界に一時期広まった「これで世界は永久平和の楽園になった」との幻想は、まもなく始まった「破綻国家」のジェノサイドや、「ならず者国家」の隣国侵略や、そしてなによりも「国際テロリスト」の9・11テロによって、粉々に打ち砕かれました。

それとともに、国際社会、とくに「民主主義圏」諸国は、世界の安全保障が不可分であり、どんな遠隔の地の出来事であっても、世界共通の関心事であるとの認識を強めるようになりました。NATOや日米同盟は、加盟国の国土防衛だけでなく、地域あるいは世界の平和と安定にも貢献すべき「公共財」である、と宣言されるようになりました。これまでの日本の平和主義は、自国が加害者にならなければ「それでよし」とする平和主義でした。日本は「あれもしない、これもしない」という否定形の形でしか、その「防衛」を語らず、「平和」を論じませんでした。「日本はなにをしたいのか、するのか」は、世界にとって不明であるだけでなく、日本人自身にとっても曖昧模糊としたものでありつづけてきました。

しかし、二十一世紀の世界は、日本に対し、「侵略者や加害者にならない」のは当然のことながら、それを超えて、世界や地域の平和と安定のために「どのような積極的な役割を果たすのか」を訊ね、「世界市民の一員としての責任を果たすよう」求めています。日本の平和主義は、これまでの「消極的平和主義」「受動的平和主義」から新しい「積極的平和主義」「能動的平和主義」へとレベルアップしなければなりません。世界はそれを日本に求めています。日本もそれなしに明日への道を切り拓くことはできません。

いわゆる「吉田ドクトリン」の下においては、国土防衛の意識しかなく、それも他国である米国に「守ってもらう」という意識が先行していました。地域的安全保障については、ようやくいわゆる「周辺事態」への責任感が生まれつつあるのみで、まして世界的安全保障となると、「米国に言われるから」、「米国への付き合いとして」やる、という域を出ていません。そこには世界全体の平和と安定から利益を得ている「経済大国」日本として、世界市民的な責任感や使命感は不在です。

地域的安全保障や世界的安全保障は、日米安保条約の有無にかかわらず、「日本としてどのような状態を望むのか」という主体的な判断が先行すべきものです。それは決して「米国に言われるから」、「米国への付き合いとして」やるものではありません。世界がボーダーレスな相互依存関係を強めつつある中で、日本もまたその真っ只中に生きていることを直視すれば、「自国だけが平和であれば、それでよい」という「一国平和主義」も、「どこの国にも依存したくない」という「一国防衛主義」も、ともに日本の取るべき道でないことは明白です。

「一国平和主義」は、結局は米国依存の平和主義にならざるを得ず、「一国防衛主義」は、結局は時代錯誤の国防国家建設論に堕さざるを得ません。今日の日本の平和と安全は、日本もまた「民主主義圏」諸国を中核とする世界的な「不戦共同体」の一部であることを自覚し、その中核的な存在である米国との同盟関係を強化することによって、初めて担保されるものです。「不戦共同体」のなかで守り、守られる日本を構想したい。このようにして日本は、「吉田ドクトリン」に代わる「積極的平和主義」というドクトリンをもつことができるのであり、また同時に、そうすることによって、初めて主体性をもって日米同盟に対処することが可能になるのです。

自国を世界的な「不戦共同体」の一員として捉えるならば、日本の安全保障は、その国土防衛だけを論じて終わるものではなく、むしろ地域的安全保障、世界的安全保障との深いかかわりのなかで担保されることに気づかざるを得ません。以下に、①国土防衛、②地域的安全保障、③世界的安全保障の三つの次元に分けて、「積極的平和主義と日米同盟のあり方」を提言するのは、その理由によるものであります。

政策提言

一、国土防衛のための提言

1. 「非核三原則」などの「防衛政策の基本」を再検討せよ
2. 米軍再編プロセスに協力し、集団的自衛権の行使を認めよ
3. 「武器輸出三原則」は根本的にそのあり方を見直せ
4. 国家の情報収集・分析体制を整備・強化せよ

二、地域的安全保障のための提言

5. 東アジア地域における対話と協力の主導権を握れ

6. 日米の対中戦略協調を強化・発展させよ

7. 日本の主権に対する現存する侵害行為を直視せよ

三、世界的安全保障のための提言

8. 「国際平和協力一般法」を制定し、グローバルな「集団安全保障」に貢献せよ

9. 核不拡散、核軍縮、核平和利用の管理徹底を並行して推進せよ

○第三十三提言「外国人受入れの展望と課題」

二〇〇八年秋の世界経済危機で深く傷ついた欧米経済とは対照的に、東アジア経済は、新興国・地域が中心になって域内のネットワークをダイナミックに再編しながら、各国・各地域経済が急速に成長率を回復し、自立的発展の実現を目指す新たな段階を迎えつつありま

す。注目されるのは、世界経済危機の影響、域内に残る冷戦時代の不安定な構造、国際的なテロの懸念にもかかわらず、域内の人の移動は一層高まっていることです。特に、ビジネスや観光を目的とする短期的移動は急速に回復しています。

また、短期滞在外国人だけでなく、日本に長期間滞在する外国人も、アジア出身者を中心に二〇〇九年末現在で、その十年前の約一・四倍にあたる二百十八万人に増加しました。外国人の定住化が進展し、永住権を有する者は、既に九十四万人を超えています。仮にわが国の外国人受入れ条件が現状のまま推移したとしても、東アジア経済の統合が進むのと並行して、国内の定住外国人は増加基調を強めるものと予想されます。

このような定住化の段階は、一九八〇年代半ばの欧州諸国の状況を想起させます。当時の欧州諸国は「多文化主義」への楽観論が支配的であり、移民受入れには寛容でした。しかし、一九九〇年代になると、地域社会のなかに相互にコミュニケーションが成立しない異文化集団やゲットーが現れ、不法移民も増大しました。フランスでは、公共教育の場で禁止されているブルカを着用する一部イスラム教徒によって、国是である政教分離原則が脅かされ、それに対して右翼政党が反発するなどの状況も生まれています。

わが国は、このような欧州の経験から学び、安易な外国人の受入れが、受入れ国の社会・文化の一体性を損なうだけでなく、政治・安全保障にさえも緊張をもたらしかねないものであることを理解し、必要な対策を講じなければなりません。因みに、欧州への移民は主としてイスラム圏からの移民であり、欧州のキリスト教文明と摩擦を生じていますが、予想される日本への移民の大きな部分は、古い歴史的経緯をもつ朝鮮半島出身者に加え、巨大な人口圧力を抱えながら大国として台頭しつつある中国からの移民です。永住外国人への地方参政権付与が問題となっていますが、憲法違反の可能性の高い提案であるだけでなく、政治的な結末に懸念を抱かせる要素があり、慎重な議論が必要と考えます。

「外国人受入れ」に関するこのような欧州の経験から学びつつも、しかしながら、われわれがそこから出発せざるを得ない今日の日本の現実は、日本がグローバル化する世界経済のなかで生き残り、成長する東アジア経済との一体性や相乗効果を確保するためには、国内の人材を最大限に活用しつつも、基本的に外国人を受け入れなければならない、という現実です。問われるべきなのは、受入れの可否ではなく、受入れの条件です。どのような制度を設計し、どのような態勢を整備して、外国人を受け入れるか、が問われているのです。

では、その条件とは、どのような条件であるべきなのでしょうか。一九九〇年代後半以降、欧州諸国は、外国人の受入れは、移民送り出し国や移民自身の希望によってではなく、受入れ国が条件を設定し、その条件によって選択すべきものだとして、「選択的移民政策」を打ち出しています。移民は、受入れ国社会への統合が可能であり、さらには受入れ国への貢献が期待できる者に限るとの原則であり、その観点から受入れ国の言語を話せることなどの条件が導入されています。われわれは、わが国も、この原則を採用すべきだと考えます。

受入れ国言語の習得については、欧州諸国は、一九八〇年代の楽観的な「多文化主義」の失敗から学び、アメリカやカナダなどの定住移民受入れ国の経験も踏まえて、外国人のための受入れ国言語習得の機会を積極的に整備しています。外国人による受入れ国言語の習得は、受入れ国社会の一体性を維持し、外国人住民の縁辺化を防ぎ、貧困の堆積や治安の悪化などの社会的費用の発生を抑制する投資として認識されているからです。

わが国は、人口減少時代に突入し、国内市場の力強い成長が見込めないだけに、東アジア地域統合の進展に伴う域内人材の開発や域内人材の秩序ある移動に期待するところが大であります。アジアと日本をつなぐ人材を確保するため、優秀な外国人留学生の受入れ拡大とそのキャリア形成の支援が必要です。地域活性化を目指す自治体では、日系人や技能実習生に限らず、地域の持続的発展を支える外国人労働者と家族の受入れが不可欠です。なぜなら、十八歳人口が二〇一七年以降、現在の百三十万人から百十万人台以下へと急減するうえ、大都市への若年人口流出と大学進学率の上昇が続く結果、地方都市においては、若年層を中心に人口減少が加速するとみられるからです。

国内で就労する外国人が配偶者や家族を呼び寄せるなどの家族移民の受入れの保障も重要です。現状では、わが国の定住的な外国人に占める就労目的外国人の比率は三割強で、家族移民は一割程度に過ぎません。しかし、欧米諸国では、家族移民が外国人受入れの過半を占めています。定住外国人が増えるにつれ、日本でも家族移民の比重は上昇してくるでしょう。そのことを予想し、家族移民受入れの環境整備を進める必要があります。また、難民支援については、本年九月に第三国定住難民の受入れを開始したことを契機に、今後とも着実にその体制を強化すべきです。

政策提言

提言１　観光やビジネスを目的とする外国人は極力受入れを拡大するとともに、定住

目的の外国人については、日本の国益の観点から選択的に受け入れるべきである

提言2　外国人高度人材を優先的に受け入れ、わが国に滞在し、国内外を移動しながら自由に活動できる諸条件を整備せよ

提言3　狭義の不熟練労働者の受入れは今後とも慎重に対応する一方、日本人だけでは供給困難な職種を特定して、その人材開発と資格取得を支援せよ

提言4　「経済連携協定」における外国人受入れ条項の条件の柔軟化を図るとともに、就労を認める分野を順次拡大せよ

提言5　社会統合政策を外国人政策の第二の柱とし、国と自治体が連携する効果的な実施体制を確立せよ

提言6　日本語能力を持たない外国人に対し、地域における日本語学習の機会を保障する体制を整備せよ

提言7　秩序ある労働者受入れと労働者保護のために、「外国人雇用法」を制定するとともに、二国間「労働協定」を締結せよ

提言8　「社会保障協定」の締結を促進し、国内外を移動する日本人及び外国人に配慮した社会保障制度とせよ

提言9　永住外国人への地方参政権の付与は、憲法違反の可能性が高く、政治的にも懸念を抱かせる要素があり、慎重な議論が必要と考える

○第三十五提言「膨張する中国と日本の対応」

二〇一〇年九月の尖閣諸島沖における中国漁船による海上保安庁巡視船への体当たり事件および引き続いて起こったレア・アースの対日輸出禁止、中国に滞在する日本人の逮捕・拘留等の中国の一連の対日強硬措置は、日本と日本人に大きな衝撃を与えると同時に、その対中不信感を増大させました。これらの出来事は、それに先立って中国が示してきた、南シナ海における東南アジア諸国漁船の拿捕、黄海における米韓合同演習に対する反対等に見られる自己主張強化の傾向と連なる動きと見られました。中国が日本を凌駕して世界第二位の経済大国になったことと相まって、膨張する中国はついに「韜光養晦《とうこうようかい》」と呼ばれる対外協調路線を放棄したのではないか、との懸念を生んだのです。

このような状況においては、問題の小状況に反応する前に、まず大状況を把握することが肝要です。世界は、第一次大戦後に「戦争の非合法化」を達成しましたが、第二次大戦後には「相互確証破壊」の成立に伴い実質的に大国間戦争が不可能になりました。それでも冷戦期には、米ソ二大陣営が対立する「勢力均衡」政治が行われましたが、冷戦後の世界では、米ソ対立は解消され、自由・民主主義・市場経済・不戦などの理念が普遍化しました。その中核的な担い手はNATOや日米同盟に結集した先進民主主義諸国です。「人間の安全保障」や「保護する責任」などが国際社会の理念として提起されるなかで、その理念の担い手となった先進民主主義諸国は「不戦共同体」あるいは「集団安全保障共同体」と呼ぶことができます。冷戦後の世界では、各国は狭義の国益を超えて、地球規模の課題に取り組むことを求められていますが、その課題に正面から取り組む用意のある「ポストモダン」段階の諸国が「不戦共同体」諸国であるのに対し、必ずしもそのような用意のない「モダン」段階の諸国として中国やロシアなどが存在し、抵抗しています。

このような状況を大状況として捉えたとき、尖閣諸島をめぐる二〇一〇年九月の事件は、日本と中国が国家として世界に占める位置づけや発展段階を異にすることを如実に示したといえます。中国は「モダン」段階の国家の常として、国家主権の確立に固執し、しばしば

「自国さえよければ」という狭義の国益追求に走る傾向があるのに対して、日本は「ポストモダン」段階の国家として、国益をより広義に捉え、国際的公益に配慮する必要をより強く自覚しています。日中関係を規定する要因の中には、隣接する大国同士にとって避けられない歴史的対立や領土的紛争だけでなく、このような国家としての発展段階の相違、さらには世界政治に占める位置づけの相違もまた内包されていることに留意する必要があります。

ここで問われるのは、三十年にわたる持続的な高度成長により世界規模でその存在感を強めてきている中国が、今後の国際秩序形成にどのようにその増大する影響力を行使していくかということです。別の表現を使えば、中国は国際システムの「責任ある利害関係者」として行動することができるのか、ということです。われわれが懸念を抱かざるを得ないのは、中国が、第一に、日本を含む先進民主主義諸国と人権・自由・民主主義等の価値観を共有しておらず、第二に、軍事力の拡大や近代化に関して、その長期目標がどこにあるのかが不透明であり、第三に、経済的発展に伴う国内的矛盾の深刻化が政治的不安定状況をもたらす可能性を否定できないからです。このような観点から言えば、グローバル化する世界経済のガバナンスの担い手がG8からG20に拡大したように、冷戦後の世界秩序を形成し、維持する「不戦共同体」の担い手のなかにも、中国やロシアを含む「モダン」段階の諸国を取り込んでゆく必要があります。それを「関与」政策と呼ぶとすれば、「関与」こそは、日本あるいは「不戦共同体」の対中政策の大局的判断の基本でなければなりません。

二〇一〇年九月の尖閣諸島沖における中国漁船による海上保安庁巡視船への体当たり事件は、何らかの現状変更を目的として中国政府の意図により発動されたものではないとしても、同様の危機が再発したときに、日本が今回と同様に無策であってよいということにはなりません。その後、中国は、国際社会の反発もあり、その強硬な自己主張路線を修正し、とくに対日関係においては3・11東日本大地震を契機に協調姿勢が顕著です。しかし、これによって強硬路線が最終的に放棄されたと見るのもまた早計でしょう。大局的な判断として「関与」政策を取りつつも、中国が強硬路線に転じて、軍事的手段の行使を含む最悪の選択をしてきたときの対応策は予め検討しておく必要があります。ただし、注意しなければならないのは、中国の対外政策決定に参入する勢力は多元化しており、それぞれの外交課題に関して複雑な政治ゲームが展開され、その中で大まかに言って「強硬」と「柔軟」の二つの勢力がせめぎ合っていることです。中国の強硬姿勢に対しては、目先の小状況に目を奪われて、過剰な感情的反応をすることを慎み、つねに冷静かつ的確に大状況を判断して、対応することが肝要です。

中国が危険な存在となる可能性を秘めながら巨大化しつつあることは否定できないとしても、日本の対中基本姿勢に「関与」以外の選択肢のないことは、既に述べたとおりです。「関与」が可能かつ必要になるのは、その前提として冷戦後の世界には「不戦共同体」が形成されているとの大状況認識がわれわれにあるからであり、また、中国が冒険主義に転じた場合には、日本一国ではなく、「不戦共同体」がその全体としてその問題に対応するであろうことが期待されるからです。「膨張する中国」の問題は、いまや日本一国の問題ではなく、米国はもとより、価値観を共有するその他の「同志国」と広く協調し、共同行動を取らなければならない問題です。「関与」政策は、その目的を達成するために、一連の整合的な政策体系をもつ必要があります。この政策提言では、それらを具体的な九項目の政策として以下に提示します。

政策提言

提言1　日本の領土、領海、主権、尊厳を守るための体制に万全を期せ
提言2　有事の自存自衛体制をハード、ソフト両面から見直せ
提言3　日米同盟の信頼性維持のために日頃から最善の努力をせよ
提言4　各般の分野で中国との「関与」関係をいっそう強化せよ

提言5　多国間対応を「不戦共同体」に発展させ、中国も参加させせよ
提言6　「六者協議」、「日中韓首脳会議」に地域安全保障機構としての役割を持たせよ
提言7　中国に地球的規模の諸問題における国際貢献の強化を促せ
提言8　中国経済の活力を導入すると同時に、中国経済への過度の依存を避けよ
提言9　オピニオン・リーダー・レベルでの相互理解を深化させせよ

○第三十六提言「グローバル化時代の日本のエネルギー戦略」

エネルギーは、国家・社会の存立基盤であり、これを安定的に確保できるか否かは、まさに国民にとって死活的な安全保障問題です。それゆえ、エネルギー問題は、まずもって戦略的見地から論じられなければなりません。

しかし、二〇一一年三月十一日に発生した東日本大震災に伴う巨大津波による東京電力福島第一原子力発電所の深刻な事故を受けて、わが国では原子力発電に対する拒否反応が高ま

り、冷静にエネルギー安全保障の戦略を論ずるのではなく、「まず脱原発ありき」の結論が先行した議論が前面に出る傾向が強まっています。

もちろん、深刻な原発事故を受けて、原発の安全性向上に最大限の努力をすべきことも論を俟ちません。原発の可否を含めた電源論や、電力事業のあり方が盛んに議論されるようになったのも、故なきことではありません。「安全」の確保は不可欠です。しかし、こうした議論は、あくまでも、エネルギー安全保障に関する戦略的議論と合わせて一体的に議論すべきものです。

エネルギー資源は、ますます統合と単一化の進むグローバル市場から調達されることを認識する必要があり、われわれの議論は、なによりも「世界の中の日本」という視点を持たなければなりません。新興国や途上国の急速な経済発展、あるいは二〇五〇年には九十億人に達するとされる世界人口の増加を考えれば、今後、予見しうる将来にわたって、エネルギーの需給関係が逼迫する可能性は高い。とりわけ日本は、少資源で、世界のなかでもエネルギー自給率がきわめて低いという現実を直視すべきです。

こうした大前提のもとで、いかにして、エネルギーを容認可能なコストとリスクで持続的に調達するかということが、エネルギー戦略の大目標となります。世界のエネルギー資源は、中東からの石油、天然ガスの供給に大きく依存しています。このため、中東産油国の供給能力を脅かす中東情勢の不安定化は勿論のこと、ホルムズ海峡やマラッカ海峡などの産油国から消費国への海上輸送のチョーク・ポイントの不安定化も、直ちに世界エネルギー事情の不安定化を招きかねません。

したがって、中東地域の平和と安定を確保しつつ、中東以外の地域からの様々な種類のエネルギーの供給の増大を図ることが重要です。中東以外で大量のエネルギー資源が賦存する地域といえば、ロシア、豪州、北米、中央アジア諸国、サブサハラ・アフリカなどですが、注意を要するのは、豪州や北米以外については、資源ナショナリズムや、資源をカードに使った外交のリスクが拭いきれず、とりわけロシアについては、日ロ間において平和条約が未締結でもあり、全面的な協力を行なう前提条件が整っているとは言えないことです。

このようなエネルギーに関する地政学的状況を大きく変化させる可能性として、米国発の「シェールガス革命」とその世界的余波に注目するべきでしょう。米国やカナダでは、技術の進歩によって、シェールガス、シェールオイル、オイルサンドといった、非在来型の天然ガスや原油の生産が急速に商業ベースに乗ってきています。その結果、米国は天然ガスを輸出しようとさえしています。
これは、アジアや欧州などでの天然ガスの価格決定のあり方に変更を迫るのみならず、エネルギー供給源としての中東やロシアの地位を相対化させる可能性ももっています。政治的に安定した民主国家である米国やカナダに、エネルギーをめぐる地政学的中心が移動すれば、グローバルなエネルギー安全保障環境は大きく改善されるでしょう。

しかしながら、「シェールガス革命」がいますぐにも世界のエネルギー問題を解決すると考えるのも、楽観的に過ぎるでしょう。なお多くの解決されなければならない技術的障害があるからです。環境負荷の大きな化石燃料へのこれ以上の依存を避けようとすれば、中短期的には、より経済性を強めた再生可能エネルギーに、より安全な原子力を組み合わせたベスト・ミックスの形で、包括的エネルギー安全保障の体制を構築するしかないでしょう。わが国のエネルギー戦略は、限られた狭い選択肢のなかで出口を探さざるを得ないことを忘れてはなりません。

原子力の利用に関しては、ドイツ、スイス、イタリアのように送電を含めて国際連携が成り立っている国々を例外として、世界の潮流は、3・11後も消極姿勢に転じてはいないことが注目されます。米国、英国、フランスなどの欧米の主要国は、3・11から教訓を受けて自国の原子炉の安全性と防御性を強化しつつ、既設炉の運転を継続し、あるいは新設を許可しています。中国および韓国といった近隣諸国や、ベトナム、インド、トルコなどの多くの新興諸国は、急増するエネルギー需要を賄うために原子力の利用を積極的に推進する方針を堅持しています。

中東の産油国ですら、アラブ首長国連邦を皮切りに、将来の原油枯渇を視野に入れて、原発の導入を決定ないし計画しつつあります。これらの動きは、世界的には、地球温暖化防止の動きと連動していることは言うまでもありません。このような問題意識のもと、われわれは、わが国のとるべきエネルギー戦略として、つぎの十項目の政策を提言します。

政策提言

提言1　世界的なエネルギー安全保障環境づくりに能動的に取り組め
提言2　将来の「東アジア・エネルギー協力システム」形成を視野に入れよ
提言3　EPA／FTAを活用して、エネルギーの安定供給を図れ
提言4　省エネルギーの更なる意欲的な推進と世界への普及を促進せよ
提言5　米国発の「シェールガス革命」を踏まえ、天然ガス市場の国際化を進めよ

提言6　安全性の向上に最大限の努力を払いつつ、原発を有効活用せよ

提言7　わが国は、原発の安全性を高めながらこれを維持することにより、原子力の平和利用への国際貢献を続けよ

提言8　再生可能エネルギーの利用を着実に推進せよ

提言9　温室効果ガス削減のためにも原子力の平和利用に協力せよ

提言10　熱核融合の実現に向けてこれまでの努力を継続、強化せよ

（各提言の数字表記などは、本文の表記に合わせました。編集部）

著者紹介
吉田　春樹（よしだ　はるき）
1935年、東京都生まれ。1959年、東京大学法学部卒業、日本興業銀行入行。取締役産業調査部長などを歴任ののち、1991年、和光経済研究所専務。同社長、理事長を経て、2000年より吉田経済産業ラボ代表取締役。2001年6月から、日本国際フォーラムの副政策委員長および評議員に就任。2012年11月、逝去。主な著書に『地球新時代　日本の構図』（東洋経済新報社）、『「経済大国」に明日はないか』（中央公論社）、『2010年代・日本経済はこうなる』（PHP研究所）など、多数。

日本国際フォーラム叢書
日本の進路――混迷する地球新時代

2013年7月31日　初版第1刷発行　　定価はカバーに記載しています。

著　者　　吉田　春樹
発行人　　本郷　健太
発行所　　株式会社　たちばな出版
〒167-0053 東京都杉並区西荻南2-20-9 たちばな出版ビル
TEL　03-5941-2341（代）
FAX　03-5941-2348
ホームページ　http://www.tachibana-inc.co.jp/

印刷・製本　シナノ印刷株式会社

ISBN978-4-8133-2476-8

日本国際フォーラム叢書

西太平洋の時代
渡辺利夫著
文藝春秋刊（1989年）

新世界秩序と日本の役割
大来佐武郎／伊藤憲一／田中明彦監修
三田出版会刊（1992年）

なぜ市場開放が必要なのか
中北徹／浦田秀次郎／原田泰著
三田出版会刊（1993年）

21世紀世界への道案内
伊藤憲一対談集
三田出版会刊（1995年）

岐路に立つ国連と日本外交
佐藤誠三郎／今井隆吉／山内康英共編
三田出版会刊（1995年）

地球時代の日本経済
金森久雄著
文藝春秋刊（1991年）

「真の豊かさ」と世界貢献
眞野輝彦著
三田出版会刊（1992年）

地平線を超えて
伊藤憲一著
三田出版会刊（1993年）

変貌するアジアの社会主義国家
佐藤経明／矢吹晋／白石昌也／丹藤佳紀著
三田出版会刊（1995年）

「中国」の時代
小島朋之／高井潔司／高原明生／阿部純一著
三田出版会刊（1995年）

ストップ・ザ・日米摩擦
島田晴雄／南条俊二／近藤剛／竹森俊平／田村次朗著
三田出版会刊（１９９５年）

日本のアイデンティティ
伊藤憲一監修
日本国際フォーラム発行（１９９９年）

21世紀日本の大戦略
伊藤憲一監修
日本国際フォーラム発行（２０００年）

海洋国家日本の構想
伊藤憲一監修
日本国際フォーラム発行（２００１年）

紛争と開発
ロジャー・マクギンティー
アンドリュー・ウィリアムス著　阿曽村邦昭訳
たちばな出版刊（２０１２年）

なぜヨーロッパと手を結ぶのか
中西輝政／田中俊郎／中井康朗／金子譲著
三田出版会刊（１９９６年）

予防外交入門
堂之脇光朗編著
日本国際フォーラム発行（１９９９年）

現代予防外交論
伊藤憲一編著
日本国際フォーラム発行（２０００年）

東アジア共同体白書二〇一〇
東アジア共同体評議会編
たちばな出版刊（２０１０年）

日本の進路──混迷する地球新時代
吉田春樹著
たちばな出版刊（２０１３年）

「日本国際フォーラム叢書」について

公益財団法人日本国際フォーラムは、一九八七年の創立以来、政府から独立した民間・非営利、非党派の、外交・国際問題に関する政策研究・提言団体として、自由な市民の立場から日本の対外関係や国際社会全体のあるべき姿について、研究、討議し、さらには政策を提言してまいりました。この間に、世界は冷戦の終焉を迎え、新しい世界秩序の構築を模索する新段階を迎えましたが、そのような世界の新しい流れに日本はどのように関わってゆくべきかについて、日本はいま国民的合意の形成を求められております。国際システムの消極的受益者に終始するのではなく、積極的な寄与者として、その国力に相応した各般の責任を担うことが求められております。

日本国際フォーラムには、政策志向の知的国際交流を目的とするグローバル・フォーラムと東アジアの地域統合の動きを観察し、国民的観点から対応を議論することを目的とする東アジア共同体評議会が、姉妹団体として附置されております。日本国際フォーラムとこれら二団体の実施している研究・討議・提言等の活動成果は、それぞれ報告書、速記録、提言書などの形で印刷に付され、あるいはホームページに掲載されて、会員のみならず、広く内外の関心を有するかたがたに頒布されてまいりましたが、その内容をさらにより広く、より多くの方に知っていただくために、一九八九年以来、「日本国際フォーラム叢書」が刊行されてまいりました。

一九八九年から一九九一年までは文藝春秋様のご協力を得て二冊を、その後一九九六年までは三田出版会様のご協力を得て十冊を、そしてその後二〇〇一年までは日本国際フォーラムの自主出版により五冊を、それぞれ出版してまいりました。二〇一〇年以降は、たちばな出版様のご協力が得られることとなり、同年十八冊目として『東アジア共同体白書二〇一〇』を、また翌年十九冊目として『紛争と開発』を、さらに、本年二十冊目として『日本の進路――混迷する地球新時代』を出版することができました。

願わくば、本叢書を通じて、私どもの提起する問題意識が広く国民的に共有され、日本の進路と人類社会の未来について、真摯かつ建設的な議論が行われることを望んでやみません。

二〇一三年四月

公益財団法人　日本国際フォーラム理事長　伊藤　憲一